따뜻한 섬김을 위한 직분자 무릎기도문

따뜻한 섬김을 위한 직분자 무릎기도문

초 판 1쇄 발행 | 2016. 9. 30
초 판 1쇄 인쇄 | 2016. 9. 30
지은이 | 노진향
펴낸이 | 박미옥
펴낸곳 | 맑은하늘
편 집 | 권상아
교 정 | 이지선
일부총판 | 비전북 (031) 907-3927
등 록 | 제 679-30-00202호(2016. 8. 11)
주 소 | 부천시 원미구 중동 1289번지 팰리스카운티
　　　　 아이파크상가 5층
전 화 | (032) 611-7578
팩 스 | (032) 343-3567
도서출간상담 | E-mail:chmbit@hanmail.net

ISBN : 979-11-958718-0-3 03230

정가:7,800원

저자와의 협약 아래 인지는 생략되었습니다.
이 출판물은 저작권법에 의해 보호받는 창작물이므로, 무단 복제와 무단전재를 할 수 없습니다.

■ 잘못된 책은 구입하신 곳에서 바꿔드립니다.

[언제 어디서나 드리는 섬김의 대표기도문]

따듯한 섬김을 위한
직분자 무릎기도문

Prayers for the work received in the Lord

맑은하늘

이 책의 효과적인 사용을 위한 안내

1. 이 책의 기도문을 참고하여 기도하고 싶을 때 장소에 관계없이 언제나 사용하십시오.

2. 기도할 때 가능하면 상단에 있는 말씀 큐티(Q.T)를 먼저 하고 기도의 내용을 보시면 더 유익합니다.

3. 눈으로 보기만하는 기도보다 소리 내어 읽으며 기도하는 습관을 길러가는 것이 매우 좋습니다.

4. 동일한 기도문을 계속 반복하여 읽으며 기도하십시오. 기도문구들이 입에 붙으면 대표기도나 다른 형식의 기도를 할 때도 도움이 됩니다.

5. 특별히 은혜가 되는 기도 문구는 계속 반복하여 읽으면 감동이 마음으로 전달됩니다.

6. 구역, 속회, 셀 모임을 가질 때마다 중보기도 시간에 이 기도문을 활용하면 성숙한 신앙생활에 도움을 받을 수 있습니다.

7. 이 책을 혼자 읽을 때에 한쪽 손을 가슴에 대고 읽어보십시오. 기도의 내용이 가슴으로 전달되는 것을 느끼게 될 것입니다.

8. 기도한 날짜를 꼼꼼히 체크해보십시오. 이 책의 기도문은 읽기용이 아니라, 더 깊은 기도생활을 할 수 있도록 도움을 주기 위한 책입니다.

9. 교회와 같은 특별한 기도처에서도, 이 책의 기도문을 참고하면서 기도하면 개인기도와 중보기도를 할 때에 많은 도움이 될 수 있습니다.

10. 교회의 직분자가 이 책을 매일 소지하고 다니면서 기도와 밀접한 관계를 갖는다면, 하나님의 은혜의 통로를 열어가는 복된 삶이 될 것입니다.

들어가는 글

그리스도인들을 대상으로 '신앙생활하면서 가장 좋은 것이 무엇이냐?'고 물은 결과 '기도하는 것'이라고 답변한 사람들이 가장 많았습니다. 그러나 그리스도인들 중에 기도를 가장 힘들고 어려운 것으로 여기는 사람도 의외로 많았습니다.

교회에서 주님의 귀한 직분을 받은 당신은 어디에 속하십니까? 신앙생활하면서 가장 좋은 것이 기도라는 생각을 갖고 있습니까? 직분을 감당하는 사람이 기도가 버겁고 힘들어지면, 자신은 물론 그가 섬기는 교회는 이미 죽은 교회나 다름없습니다.

직분을 감당하는 자들의 기도가 왜 중요한지는 주님을 보면 알 수 있습니다. 주님은 지상 사역을 감당하실 때, 하늘과 땅의 모든 권세를 가지신 분임에도 불구하고 항상 기도에 힘쓰셨습니다(마 28:18). 너무 피곤할 때도 피곤을 무릎 쓰고 기도하셨고, 필요할 때면 밤을 지새가며 기도하기를 주저하지 않으셨습니다. 우리 같으면 피곤하거나 힘들면 그냥 집에서 잘 텐데 말이죠.

기도에 힘쓰신 주님을 보면 우리는 그분에게서 가장 먼저 무엇을 닮아가야 하는지를 깨닫게 됩니다. 주님께서 하나님이 주신 사명을 기도무릎으로 감당하셨듯이, 오늘 그분의 몸 된 교회에서 사명과 직분을 받은 우리도 기도무릎으로 사명을 감당해야만 할 것입니다. 기도하는 것을 무리라고 생각하면 안 됩니다. 무리가 되는 것이 기도라면 주님께서 항상 기도할 것을 말씀하지 않으셨기 때문입니다(눅18:1).

성경에 주님께 부름 받은 일꾼으로 사명을 감당한 인물들을 보면 꾸준한 기도생활을 놓치지 않았다는 것입니다. 기도가 그들로 하여금 세상이 감당치 못하는 믿음의 사람으로 쓰임 받게 했습니다. 기도는 하나님의 능력이 깃드는 통로요, 교회를 변화시키고 세상을 변화키는 능력이 기도무릎에 있다는 것을 잊지 말아야겠습니다.

수리산 기슭에서 노진향

직분자의 복된 생활

너희를 박해하는 자를 축복하라 축복하고 저주하지 말라
즐거워하는 자들과 함께 즐거워하고 우는 자들과 함께 울라
서로 마음을 같이하며 높은 데 마음을 두지 말고
도리어 낮은 데 처하며 스스로 지혜 있는 체 하지 말라
아무에게도 악을 악으로 갚지 말고
모든 사람 앞에 선한 일을 도모하라
할 수 있거든 너희로서는 모든 사람과 더불어 화목하라
내 사랑하는 아들아 너희가 친히 원수를 갚지 말고
하나님의 진노하심에 맡기라 기록되었으되
원수 갚는 것이 내게 있으니 내가 갚으리라고
주께서 말씀하시니라 네 원수가 주리거든 먹이고
목마르거든 마시게 하라.
그리함으로 네가 숯불을 그 머리에 쌓아놓으리라
악에게 지지 말고 선으로 악을 이기라
(로마서 12장 14~21절).

직분자의 복된 자세

내게 주신 은혜로 말미암아 너희 각 사람에게 말하노니
마땅히 생각할 그 이상의 생각을 품지 말고
오직 하나님께서 각 사람에게 나누어 주신
믿음의 분량대로 지혜롭게 생각하라
우리가 한 몸에 많은 지체를 가졌으나
모든 지체가 같은 기능을 가진 것이 아니니
이와 같이 우리 많은 사람이 그리스도 안에서 한 몸이 되어
서로 지체가 되었느니라
우리에게 주신 은혜대로 받은 은사가 각각 다르니
혹 예언이면 믿음의 분수대로 혹 섬기는 일이면 섬기는 일로
혹 가르치는 자면 가르치는 일로
혹 위로하는 자면 위로하는 일로
구제하는 자는 성실함으로 다스리는 자는 부지런함으로
긍휼을 베푸는 자는 즐거움으로 할 것이니라
사랑에는 거짓이 없나니 악을 미워하고 선에 속하라
(로마서 12장 3~9절).

차례

이 책의 효과적인 사용을 위한 안내 · *4*
들어가는 글 · *6*
직분자의 복된 자세 · *8*
직분자의 복된 생활 · *9*

Part 1 | 성숙한 믿음을 위한 직분자 무릎 기도문

주님의 일꾼으로 쓰임 받게 하소서 · *16*
헌신하는 믿음을 갖게 하소서 · *18*
사명에 붙들려 살게 하소서 · *20*
지고 갈 십자가가 있게 하소서 · *22*
참된 제자가 되게 하소서 · *24*
불을 붙일 수 있게 하소서 · *26*
성숙한 신앙이 되게 하소서 · *28*
하나님께 영광을 돌리게 하소서 · *30*
하나님의 전신갑주를 입게 하소서 · *32*
깨뜨리는 믿음이 되게 하소서 · *34*
더욱 큰 은사를 사모하게 하소서 · *36*
형식주의 신앙을 버리게 하소서 · *38*
눈물의 기도가 있게 하소서 · *40*
순종하는 믿음이 되게 하소서 · *42*
말씀을 가까이하게 하소서 · *44*
성령의 열매를 맺게 하소서 · *46*
하나님 마음에 합한 사람이 되게 하소서 · *48*

입술의 열매를 맺게 하소서 · 50
주님만 의지하게 하소서 · 52
영적으로 승리하게 하소서 · 54
주님의 성품으로 변화 받게 하소서 · 56
부끄럽지 않는 삶이 되게 하소서 · 58
자신을 잘 죽일 수 있게 하소서 · 60
한계를 뛰어넘는 믿음이 되게 하소서 · 62
품을 수 있게 하소서 · 64
겸손의 신앙이 되게 하소서 · 66
사랑하게 하소서 · 68
기뻐하며 살게 하소서 · 70
더욱 감사하게 하소서 · 72
자녀에게 본이 되게 하소서 · 74
별세를 준비하는 신앙이 되게 하소서 · 76

Part 2 | 교회와 성도를 위한 직분자 무릎 기도문

교회를 든든히 세워가는 직분자들이 되게 하소서 · 80
교회를 사랑하게 하소서 · 82
교회에 부흥이 오게 하소서 · 84
본질이 분명한 교회가 되게 하소서 · 86
건강한 예배가 있는 교회가 되게 하소서 · 88
일꾼이 세워지는 교회가 되게 하소서 · 90
드림이 있는 교회가 되게 하소서 · 92
부요케 하는 교회가 되게 하소서 · 94
교회의 정체성이 회복되게 하소서 · 96
깨어있는 교회가 되게 하소서 · 98

전도하는 교회가 되게 하소서 · 100
선교하는 교회가 되게 하소서 · 102
이 땅을 고치는 교회가 되게 하소서 · 104
성령 충만한 교회가 되게 하소서 · 106
처음사랑을 회복하는 교회가 되게 하소서 · 108
교역자를 붙드소서 · 110
열심을 다하게 하소서 · 112
새가족을 축복하소서 · 114
교우들을 돌보아주소서 · 116
교회의 기관과 부서를 붙드소서 · 118
주일학교에 부흥을 주소서 · 120
성실한 교사가 되게 하소서 · 122
구역(속회)이 확장되게 하소서 · 124
은혜를 잊지 않는 가정이 되게 하소서 · 126
고난을 겪고 있는 교우를 기억하소서 · 128
사고와 재난을 당한 교우를 긍휼히 여기소서 · 130
질병에 시달리는 교우를 치료하소서 · 132
경제적인 어려움을 겪는 교우를 기억하소서 · 134
미혹의영을 경계하게 하소서 · 136
교회를 멀리하는 교우를 기억하소서 · 138

Part 3 | 나라와 이웃을 위한 직분자 무릎 기도문

이 민족이 복음화 되게 하소서 · 142
이 나라의 경제를 회복시키소서 · 144
이 나라에 통일을 주소서 · 146
이산의 아픔을 헤아리소서 · 148

이 나라에 전쟁이 사라지게 하소서 · 150
이 나라의 안보를 붙드소서 · 152
이 나라의 국군장병을 붙드소서 · 154
이 나라의 가정을 지키소서 · 156
이 사회의 안전을 붙드소서 · 158
이 사회에 부정부패가 사라지게 하소서 · 160
이 나라의 기업들을 붙드소서 · 162
국민을 섬기는 위정자가 되게 하소서 · 164
공의로운 사법기관과 법조계가 되게 하소서 · 166
청렴한 공직자들이 되게 하소서 · 168
사회적 약자를 돌아보소서 · 170
서민의 삶을 돌아보소서 · 172
노인들을 기억하소서 · 174
장애인들을 기억하소서 · 176
고통 받고 있는 아이들을 기억하소서 · 178
청소년들을 붙드소서 · 180
수험생을 붙드소서 · 182
청년실업의 문제를 살피소서 · 184
근로자를 긍휼히 여기소서 · 186
노동자들의 고달픔을 기억하소서 · 188
맞벌이 하는 가정을 기억하소서 · 190
건전한 소비생활이 되게 하소서 · 192
불신 이웃을 긍휼히 여기소서 · 194

교회선택의 십계명 · 196

A prayer

for spiritual maturity

당신의 능력에 합당한 사명을 위해 기도하지 마십시오.
오히려 당신의 사명에 합당한 능력을 구하십시오.
편안한 삶을 위해 기도하지 마십시오.
강한 사람이 되도록 기도하십시오. _필립스 브룩스

Part 1
성숙한 믿음을 위한
직분자 무릎 기도문

주님의 일꾼으로 쓰임 받게 하소서

Power of word

오직 모든 일에 그리스도의 일꾼으로 자천하여 많이 견디는 것과 환난과 궁핍과 고난과 매 맞음과 갇힘과 난동과 수고로움과 자지 못함과 먹지 못함 가운데서도 깨끗함과 지식과 오래 참음과 자비함과 성령의 감화와 거짓이 없는 사랑과 진리의 말씀과 하나님의 능력으로 의의 무기를 가지고(고린도후서 6:4~7절)

은혜의 주님!
무가치하고 무자격한 이 죄인을 사랑하여 주셔서 주님의 일꾼으로 세워주시니 얼마나 감사한지요. 주님의 놀라우신 사랑과 한량없는 은혜에 감격할 뿐이옵니다.

주님!
이 못난 죄인이 주님이 쓰시는 일꾼으로 세움을 받았사오니 주님의 마음에 합한 사람이 되게 하시고, 주님이 쓰시기에 합당한 그릇이 되게 하옵소서.
교회를 향하신 주님의 거룩하신 뜻과 비전을 이루는데, 희생의 욕구를 충족시키는 도구로 쓰임 받기를 원합니다. 언제나 교회를 위하여 받을 수 있는 괴로움을 기뻐하며, 교회를 위하여 주님이 남기신 고난을 육체에 채우는 것을 즐거워할 수 있게 하옵소서(골1:24).
또한, 주님의 몸 된 교회를 위하여 아낌없이 닳아서 없어지는 일꾼이 되기를 원합니다. 세상을 사랑한 데마와 같이 녹슬어 없어지는 삶으로 향하는 일이 없게 하시고, 주님을 위하여 죽도록 충성하는 것을 최고의 행복으로 삼을 수 있는 일꾼이 되게 하옵소서.

주님!
저희교회에 속한 모든 교우와 직분자들도 주님께 쓰임 받는 일꾼들이 되기를 원합니다. 그리하여 이 땅위에 주님의 몸 된 교회가 든든히 서가는 거룩한 영광을 볼 수 있게 하시고, 교회가 세상을 향하여 축복의 통로가 되는 것을 보며 감격과 위로를 얻게 하옵소서.

주님의 몸 된 교회를 위한 더 많은 희생이 필요할 때, 주님의 일꾼으로 쓰임 받게 하심을 감사하오며, 예수 그리스도의 이름으로 기도합니다. 아멘

Guide for a prayer
진정한 기도의 사람은 하나님의 마음을 살필 줄 아는 것이 습관화되어 있고, 그 뜻을 이루기 위하여 마음을 쏟아야 합니다.

헌신하는 믿음을 갖게 하소서

Power of word
내가 진실로 진실로 너희에게 이르노니 한 알의 밀이 땅에 떨어져 죽지 아니하면 한 알 그대로 있고 죽으면 많은 열매를 맺느니라. 자기 생명을 사랑하는 자는 잃어버릴 것이요 이 세상에서 자기 생명을 미워하는 자는 영생하도록 보전하리라(요한복음 12장 24~25절)

은혜의 주님!
보잘 것 없는 이 죄인에게 천사도 흠모하는 주님의 거룩한 직분을 맡겨주심을 감사합니다.
제 삶을 돌아보면 주님의 은혜를 저버리는 일들이 얼마나 많았는지 모릅니다. 알면서도 그렇게 살았던 제 모습이었습니다. 용서하여 주옵소서.

주님!
주님의 귀한 직분을 받은 자로 더욱 헌신하는 믿음을 갖기 위하여 기도합니다. 주님은 한 알의 밀이 땅에 떨어져 죽어야 많은 열매를 낼 수 있다고 말씀하셨는데, 참으로 밀알 되기가 그렇게 힘들고 어렵다는 것을 절감합니다. 주님의 말씀과 능력은 제 곁에 쉼 없는데, 저의 헌신과 희생은 항상 잠을 자고 있습니다.

주님!
이제는 주님 앞에서 저의 찌꺼기 같은 시간을 그만 드리게 하옵소서. 찌꺼기 같은 재물을 그만 바치게 하옵소서. 찌꺼기 같은 정성도 그만 드리게 하시고, 찌꺼기 같은 믿음도 그만 보이게 하옵소서.

주님!
이제 주님 앞에서는 입이 열 개라도 핑계치 않는 믿음이 될 수 있게 하시고, 몸이 열 개라도 이유를 달지 않는 믿음이 되게 하옵소서. 언제나 주님을 위하여 일할 수 있는 믿음이 될 수 있게 하시고, 주님을 위하여 뛸 수 있는 믿음이 되게 하옵소서. 언제나 제 삶이, 주님의 몸 된 교회가 부흥하고 성장하는 데 옥합을 깨트리는 삶이 되게 하시고, 주님이 겪으신 고난의 자리에 몸을 던질 수 있는 삶이 되게 하옵소서.
고상하고 영광된 자리를 탐하기보다 주님을 위하여 철저히 닳아서 없어지기를 소원합니다. 십자가에서 모든 것을 깨뜨리신 예수 그리스도의 이름으로 기도합니다. 아멘

Guide for a prayer
하나님은 당신에게 모리아 산과 같은, 압복 강 나루터와 같은, 갈멜산과 같은 기도의 현장을 원하십니다.

사명에 붙들려 살게 하소서

Power of word
내가 달려갈 길과 주 예수께 받은 사명 곧 하나님의 은혜의 복음을 증언하는 일을 마치려 함에는 나의 생명조차 조금도 귀한 것으로 여기지 아니하노라(사도행전 20장 24절)

사랑의 주님!
미련하고 우둔한 저에게도 주님의 귀한 사명을 맡겨주시니 감사합니다. 주님을 떠나 먼 길로 가려던 베드로를 다시 찾아가셔서 상심한 마음을 위로해 주시고, 사랑으로 덮으시며 다시 사명을 맡겨주셨던 주님, 지금 저에게도 그렇게 찾아오시는 주님이심을 깨닫습니다.

주님!
저는 이제껏 주님의 주신 사명을 얼마나 많이 팽개치며 살았는지 모릅니다. 그러나 못난 이 죄인을 포기하지 않으시고 끝까지 찾아오셔서 사명을 감당할 수 있도록 이끄시는 주님의 사랑을 생각할 때 부끄러워 머리를 들 수 없습니다.

주님!
이제는 주님이 맡기신 귀한 사명을 뒤로하고 주님과 멀리 떨어진 곳으로 발걸음을 옮기는 일이 없게 하옵소서. 이제는 주님의 피 묻은 십자가를 우두커니 지켜보고만 있는 것이 아니라, 주님과 함께 지고 가는 십자가의 군병이 되게 하옵소서. 무수히 많은 땀방울이 떨어지고 그 숱한 상처들을 받는다할지라도 주님이 주신 사명의 길을 끝까지 달려가는 삶이 되게 하옵소서.

주님!
언제나 사명의 자리에 있는 것을 기뻐할 수 있게 하시고, 사명으로 몸을 드리고, 시간을 드리고, 물질을 드릴 수 있는 것을 즐거움으로 삼을 수 있게 하옵소서. 이 땅을 살아가는 동안 주님이 주신 사명에 붙들려 살 수만 있다면 그것이 주님의 자녀가 누릴 수 있는 최고의 영광이라는 것을 잊지 말게 하옵소서. 주님의 몸 된 교회에도 사명을 감당하는 자들이 넘쳐나기를 원합니다. 저마다 주님을 위하여 희생의 욕구를 충족시킴으로 어두운 시대를 향하여 복음의 빛을 밝힐 수 있게 하옵소서. 감사하오며, 예수 그리스도의 이름으로 기도합니다. 아멘

Guide for a prayer
기도는 하나님의 뜻을 바꾸는 것이 아니라 하나님의 뜻에 대한 나의 자세를 바꾸는 것입니다.

지고 갈 십자가가 있게 하소서

Power of word
이에 예수께서 제자들에게 이르시되 누구든지 나를 따라오려거든 자기를 부인하고 자기 십자가를 지고 나를 따를 것이니라 누구든지 제 목숨을 구원하고자 하면 잃을 것이요 누구든지 나를 위하여 제 목숨을 잃으면 찾으리라 (마태복음 16장 24~25절)

십자가의 사랑을 보여주신 주님!
그 사랑이 있었기에 지금의 제가 영생의 복을 누리는 주님의 백성이 되었음을 믿고 감사드립니다.
하지만, 주님의 피 묻은 십자가를 바라볼 때마다 아직도 주님을 따르지 못하고 있는 제 모습이 너무나 부끄럽기만 합니다.
용서하여 주옵소서.

주님!
이제라도 "자기를 부인하고 자기 십자가를 지고 나를 따를 것이니라"는 주님의 말씀에 순종할 수 있게 하옵소서.
혹, 제가 짊어진 십자가가 무겁다고 가볍게 되기를 구하지 말게 하시고, 힘에 겹다고 내려놓고 싶은 충동에 휩싸이지 않게 하옵소서. 하늘의 귀한 상급을 바라보며 끝까지 제 십자가를 지고 주님의 뒤를 따를 수 있게 하옵소서.

고통스러울 땐 주님의 피 묻은 십자가를 바라보며 새 힘을 얻을 수 있게 하시고, 주저앉고 싶을땐 저를 업고 가시는 주님의 사랑을 생각하며 위로를 얻게 하옵소서.
말할 수 없는 부담이 밀려올 땐 그 부담이 곧 주님이 주신 사명이라는 것을 기억하게 하시고, 뼈아픈 실패가 찾아와도 십자가로 승리를 보여주신 주님을 바라보며 끝까지 일어서는 믿음이 되게 하옵소서.

주님!
주님의 제자로 이 땅을 살아가는 동안 육신의 것들은 모두 사라지고 구속하신 주님의 십자가의 사랑만 제 속에 남아있게 하옵소서. 그 십자가를 자랑하게 하시고, 그 십자가의 능력으로 감당할 수 없는 것까지도 감당할 수 있는 삶이 되게 하옵소서. 십자가를 통하여 고난의 유익을 누리게 하시는 예수 그리스도의 이름으로 기도합니다. 아멘

✱ 기도체크

Guide for a prayer
더 많이 기도할수록 주님의 피 묻은 십자가가 확실하게 보이고, 그 십자가가 나를 위한 것임을 깨닫습니다.

참된 제자가 되게 하소서

Power of word
너희 안에 이 마음을 품으라 곧 그리스도 예수의 마음이니 그는 근본 하나님의 본체시나 하나님과 동등 됨을 취할 것으로 여기지 아니하시고 오히려 자기를 비워 종의 형체를 가지사 사람들과 같이 되셨고 사람의 모양으로 나타나사 자기를 낮추시고 죽기까지 복종하셨으니 곧 십자가에 죽으심이라.(빌립보서 2장 5~8절)

자비하신 주님!
주님의 끝없으신 사랑과 은혜로 주님의 뜻을 따라 살아갈 수 있게 하시니 감사합니다. 항상 주님의 은혜와 사랑을 잊지 않고 제 모든 것을 아낌없이 깨뜨려 주님을 따라갈 수 있는 삶이 되기를 원합니다.
그러나 주님 앞에 설 때마다 베드로처럼 실패의 자리에 있는 제 자신을 발견합니다. 입술의 고백만 앞세우고 여전히 육신의 일에 얽매여 바삐 움직이는 제 모습이 너무나 부끄럽기만 합니다. 늘 육신의 굴레를 벗어나지 못하는 나약한 제 믿음을 꾸짖어 주옵소서.

주님!
실패한 베드로를 다시 찾으신 주님의 사랑에 용기를 얻어 기도합니다. 주님의 참된 제자로 쓰임 받는 삶이 되게 하옵소서. 이제는 쟁기를 잡고 뒤를 돌아보는 삶이 아니라, 인생의 모든 문제는 주님께 맡기고 십자가에서 죽기까지 복종하셨던 주님을 본받아 그 뒤를 따라갈 수 있는 삶이 되게 하옵소서.
어렵고 힘들지라도 주님의 뜻을 이루어 내는 것이 저의 기쁨이 되게 하시고, 주님의 간절한 소원을 이루어 드리는 것이 저의 행복이 되게 하옵소서. 누구나 주저하고 피하고 싶은 일일지라도 주님이 뜻하신 일이라면 망설임이 없게 하시고, 주님께서 높임을 받고 영광을 받으시는 일이라면 핍박이나 고난 받는 것도 즐거워할 수 있는 삶이 되게 하옵소서.

주님!
주님의 마음이 저의 마음이 되기를 원합니다. 주님의 관심이 저의 관심이 되기를 원합니다. 저로 하여금 제자의 삶이 주님께 온전히 드려지게 하옵소서. 예수 그리스도의 이름으로 기도합니다. 아멘

Guide for a prayer
하나님이 기뻐하시는 기도는 화려한 말솜씨를 동반한 기도가 아니라, 가난한 마음으로 주님의 긍휼하심을 바라보는 기도입니다.

불을 붙일 수 있게 하소서

Power of word
내가 불을 땅에 던지러 왔노니 이 불이 이미 붙었으면 내가 무엇을 원하리요(누가복음 12장 49절)

사랑과 은혜가 풍성하신 주님!
고달픈 인생길을 언제나 붙잡아 주셔서 절망과 낙심 가운데 방황하지 않도록 인도하심을 감사합니다. 내 진정 사모하는 마음으로 주님의 이름을 높이 부르는 삶이 되게 하옵소서.

주님!
이 못난 죄인을 위하여 주님이 열심을 내셨듯이, 저 또한 열심을 품고 주님을 섬길 수 있는 삶이되기를 원합니다. 그동안 열심을 품고 신앙생활을 하지 못했던 것을 반성하며 다시 한 번 행함이 있는 믿음으로 불을 붙일 수 있게 하옵소서.
저의 예배생활이 자리만 따뜻하게 데워놓는 형식적인 예배생활이 되지 않기를 원합니다. 모든 예배마다 기다려지게 하셔서 주님을 간절히 사모하는 마음으로 예배의 자리를 찾을 수 있게 하옵소서.

저의 방만한 기도생활에도 불을 붙일 수 있기를 원합니다. 뜨겁고, 더 간절한 기도를 통하여 주님과 더 깊은 교제를 나눌 수 있게 하시고, 더 깊은 영적인 단계로 나아갈 수 있게 하옵소서.

저의 미온적이었던 봉사생활에도 불을 붙일 수 있기를 원합니다. 주님의 몸 된 교회를 위하여 영혼까지 지칠 수 있는 섬김이 되게 하셔서 모든 것을 깨뜨리신 주님의 형상을 닮아갈 수 있게 하옵소서.

저의 적극적이지 못했던 전도생활에도 불을 붙일 수 있기를 원합니다. 사람들이 거부할지라도 생활현장에서 복음을 전하기에 힘쓰게 하셔서, 주님이 분부하신 명령을 준행하며 천국의 지경을 확장해 나갈 수 있게 하옵소서.

또한, 더 많이 사랑하기에도 힘쓸 수 있게 하옵소서. 감당하기 힘든 자기희생이 뒤따를지라도 더 많이 사랑하게 하셔서 주님의 십자가의 사랑이 제 삶으로 증거 되게 하옵소서. 예수 그리스도의 이름으로 기도합니다. 아멘

Guide for a prayer
불붙는 신앙에 불붙는 기도가 있고, 불붙는 기도에 불을 붙이시는 주님의 응답이 있습니다.

성숙한 신앙이 되게 하소서

Power of word
이는 우리가 이제부터 어린아이가 되지 아니하여 사람의 속임수와 간사한 유혹에 빠져 온갖 교훈의 풍조에 밀려 요동하지 않게 하려 함이라 오직 사랑 안에서 참된 것을 하여 범사에 그에게까지 자랄지라 그는 머리니 곧 그리스도라(빌립보서 4장 14~15절)

소망이 되신 주님!
죽음의 공포에서 이 죄인을 건지시고 천국을 향한 영원한 소망을 갖게 하시니 감사합니다. 이 땅을 살아가는 동안 주님을 향한 사모함이 가득하게 하옵소서.

주님!
주님이 기뻐하시고 인정하시는 성숙한 신앙을 갖기 위하여 기도합니다. 저로 하여금 주님의 영광만을 생각하며 살아갈 수 있는 성숙한 신앙이 되게 하옵소서.
주님을 위해서 충성하며 헌신하되 불평하는 일이 없게 하시고, 교회를 위해서 봉사하며 섬기되 교만을 앞세우는 일이 없게 하옵소서.
혹, 저보다 더 열심을 보이는 교우가 있다면 시기하거나 질투하는 일이 없게 하시고, 겸손한 마음으로 칭찬하고 응원해주며 그 열심을 본받을 수 있게 하옵소서.

주님!

주님께 드릴 예배에도 열심을 낼 수 있게 하옵소서. 항상 삶의 우선권을 예배에 둠으로, 예배를 사랑하는 것이 주님을 사랑하는 것으로 표현되게 하옵소서.

기도생활에도 열심을 낼 수 있게 하옵소서. 자신을 위한 기도보다 타인을 위한 간구로 기도의 지평을 넓혀가게 하셔서 주님의 기도를 본받을 수 있게 하옵소서.

또한, 아무리 어렵고 힘들더라도 주님께 드릴 예물에는 손대는 일이 없게 하옵소서. 쓸 것은 없어도 주님께 드릴 예물은 항상 준비되어 있는 믿음이 되게 하옵소서.

주님의 몸 된 교회에, 꺼리고 망설여지는 일이 있다면 먼저 할 수 있게 하시고, 불편하고 힘든 일이 있다면 선봉에 설 수 있는 신앙이 되게 하옵소서.

성숙한 신앙으로 주님께 기쁨이 되기를 원하오며, 예수 그리스도의 이름으로 기도합니다. 아멘

Guide for a prayer
하나님은 말을 많이 하는 입술의 기도보다 간절함으로 마음을 쏟는 기도에 관심을 갖고 계십니다.

하나님께 영광을 돌리게 하소서

Power of word

너희 몸은 너희가 하나님께로부터 받은바 너희 가운데 계신 성령의 전인 줄을 알지 못하느냐 너희는 너희 자신의 것이 아니라 값으로 산 것이 되었으니 그런즉 너희 몸으로 하나님께 영광을 돌리라(고린도전서 6장 19~20절)

큰 영광을 받으실 주님!
이 죄인을 사랑하여 주셔서 호흡이 있는 동안에 주님을 경배하며 영광 돌리는 삶을 살게 하시니 감사합니다. 항상 주님의 크신 사랑을 받고 있는 존재임을 기억하며 헛된 영광을 좇아가지 않게 하옵소서.

주님!
태어나실 때부터 하나님께 영광이 되시고, 행하시는 사역들을 통해 하나님께 영광이 되시며, 십자가의 삶을 마치는 순간에도 하나님께 영광이 되셨던 예수님을 닮아가기를 원합니다. 일생을 다하도록 오직 하나님께 영광이 되는 일들만 좇아갈 수 있게 하옵소서.

저의 예배생활이 하나님께 영광이 되기를 원합니다. 전심으로 주님을 경배하고, 마음을 담아 예물을 드리며, 사모함으로 말씀을 들을 때마다 그것이 하나님께 기쁨과 영광이 되게 하옵소서.
저의 봉사생활도 하나님께 영광이 되기를 원합니다. 몸을 드리고 물질을 드려 섬김의 사역을 감당할 때마다 그것이 하나님께 기쁨과 영광이 되게 하옵소서.

저의 일상생활도 하나님께 영광이 되기를 원합니다. 주님의 내재하심과 역사하심으로 성령의 열매를 맺어갈 때마다 그것이 하나님께 기쁨과 영광이 되게 하옵소서.

주님!
때때로 제가 겪는 고난과 시련을 통해서도 하나님께 영광이 되기를 원합니다. 저의 고통과 아픔을 통해서도 하나님이 받으실 영광이 있다는 것을 기억하며 감사하게 하옵소서.
제가 숨 쉬고 있는 것조차도 하나님께 기쁨과 영광이 되기를 원하오며, 영광을 받으실 예수 그리스도의 이름으로 기도합니다. 아멘

Guide for a prayer
기도의 본질은 응답이 아니라, 하나님이 기도하는 자를 통하여 받으실 영광이 있어야 한다는 것입니다.

하나님의 전신갑주를 입게 하소서

Power of word

마귀의 간계를 능히 대적하기 위하여 하나님의 전신 갑주를 입으라 우리의 씨름은 혈과 육을 상대하는 것이 아니요 통치자들과 권세들과 어둠의 세상 주관자들과 하늘에 있는 악의 영들을 상대함이라(에베소서 6장 11~12절)

악한 마귀를 멸하려고 이 땅에 오신 주님!
마귀의 권세 아래 있었던 이 죄인을 구원하시고 하나님의 자녀의 권세를 가진 자로 살아갈 수 있게 하시니 감사합니다. 또한, 악한 영을 대적하는 영적군사로 부르신 은혜를 감사합니다.

주님!
마귀를 대적하는 그리스도의 좋은 군사가 되기 원하여 기도합니다. 세상은 점점 더 악해져가고 있고, 주의 백성을 유혹하는 사단의 무리는 갈수록 극성을 부리고 있음을 피부로 느낍니다. 수많은 주의 백성들조차도 이미 사단의 유혹에 넘어가고 있고, 주님을 멀리하고 있습니다.
하나님의 나라와 주의 백성들을 대적하는 마귀는 우는 사자와 같이 두루 다니며 삼킬 자를 찾고 있사오니, 이러한 마귀를 능히 대적하기 위하여 하나님의 전신갑주를 입게 하옵소서.

마귀에게 영적인 틈을 보이지 않기 위하여 철저하게 말씀으로 무장하게 하시고, 쉬지 않고 기도에 힘쓰며, 겸손으로 허리를 동이는 신앙생활이 되게 하옵소서.
또한, 마귀가 좋아하는 것이라면 철저히 눈을 가리고 귀를 막을 수 있게 하시고, 마귀가 싫어하는 것이라면 힘을 다하여 마귀의 사기를 땅에 떨어뜨리는 주의 제자가 되게 하옵소서.

주위에서 우리를 넘어뜨리려고 하는 수많은 대적자가 일어난다 할지라도 절대로 마귀의 꾐에 넘어가는 일이 없게 하시고, 믿음의 사람 욥과 같이 승리하는 믿음이 되게 하옵소서.

마귀에게 철퇴를 가하고 마귀의 진을 파하며, 마귀의 진마다 십자가의 깃발을 꽂는 영적 기수가 되기를 원하오며, 예수 그리스도의 이름으로 기도합니다. 아멘

Guide for a prayer
그리스도인의 기도의 목적은 하나님께로부터 사탄의 전술전략을 미리 제공받아 사탄의 계교를 무력화시키는 데 있습니다.

깨뜨리는 믿음이 되게 하소서

Power of word
의인을 위하여 죽는 자가 쉽지 않고 선인을 위하여 용감히 죽는 자가 혹 있거니와 우리가 아직 죄인 되었을 때에 그리스도께서 우리를 위하여 죽으심으로 하나님께서 우리에게 대한 자기의 사랑을 확증하셨느니라(로마서 5장 8절)

지극하신 사랑으로 함께하시는 주님!
이 못난 죄인을 위하여 목숨까지 버리신 그 크신 사랑을 생각할 때 한없이 감사할 뿐이옵니다. 감격과 감사의 마음을 가지고 주님을 경배하오니 기쁘게 받으시옵소서.

주님!
주님께서 자신의 몸을 십자가에 깨뜨리심으로 이 못난 죄인을 영원한 생명의 길로 인도하셨사오니, 저도 제 자신을 깨뜨려 주님의 은혜와 사랑에 보답하는 삶이되기를 간절히 소망합니다.
그동안 가지려고만 했고, 채우려고만 힘썼던 삶에서, 이제는 깨뜨리는 삶을 살아감으로 제 삶에도 십자가의 그 사랑을 채울 수 있게 하옵소서.

 주님의 몸 된 교회를 위해서 제 자신을 잘 깨뜨림으로 교회를 든든히 세우고, 믿음의 형제자매들을 신앙으로 부요케 할 수 있는 삶이 되게 하옵소서. 일상생활에서도 제 자신을 잘 깨뜨림으로 많은 영혼을 주님께로 인도하며 천국의 지경을 확장시켜 나가는 삶이되게 하옵소서.
가정에서도 제 자신을 잘 깨뜨림으로 온 식구가 하나님을 잘 공경하고 예수님을 본받아 사는 믿음의 가정을 세워나갈 수 있게 하옵소서.

주님!
이 땅을 살아가는 동안 주님을 본받아 더 잘 깨뜨리는 것이 저의 습관이 되기를 원합니다. 더 많이 깨뜨리고, 더 철저히 깨뜨리는 것이 저의 버릇이 되기를 원합니다.
주님이 보이셨던 희생의 욕구와 순종의 욕구가 저의 삶에서 그대로 배어나오게 하셔서 주님의 뜻하심과 형상을 이루는 삶이 되게 하옵소서.
저의 깨뜨림이 주님의 기쁨과 자랑이 되기를 원하오며, 예수 그리스도의 이름으로 기도합니다. 아멘

Guide for a prayer
하나님은 자기의 모든 것을 깨뜨릴 줄 아는 자에게 서둘러 응답의 통로를 열어놓으십니다.

더욱 큰 은사를 사모하게 하소서

Power of word
너희는 더욱 큰 은사를 사모하라 내가 또한 가장 좋은 길을 너희에게 보이시리라(고린도전서 12장 31절)

영광 받으실 주님!
죄의 종으로 살던 이 죄인을 구속하셔서 주님의 거룩한 백성으로 다시 살게 하여 주시니 얼마나 감사한지요. 이 땅에서 저희의 생명이 다하는 날까지 주님의 베푸신 은혜와 은총에 감사하며 영광 돌리는 삶이 되게 하옵소서.

주님!
이 죄인이 주님의 영광을 나타내는 온전한 도구로 쓰임받기 위하여 더욱 큰 은사를 사모합니다. 주님을 향한 이 죄인의 마음을 기쁘게 보시고, 사모하는 제 마음에 성령의 은사로 충만하게 하옵소서.

주님!
제 마음에 사랑의 은사를 충만하게 채워주옵소서. 그리하여 저희를 위하여 죽음까지도 기꺼이 받아들이셨던 십자가의 그 사랑을 나타낼 수 있는 제자가 되게 하옵소서.
기도의 은사도 충만하게 채워주옵소서. 그리하여 주님과 더 깊은 교제를 나누며, 주님이 사랑하시는 자들을 위하여 마음을 쏟아 기도할 수 있는 제자가 되게 하옵소서.

말씀의 은사도 충만하게 채워주옵소서. 그리하여 말씀을 읽을 때마다 송이 꿀보다도 더 단 주님의 말씀을 맛볼 수 있게 하시며, 말씀의 능력을 세상에 쏟아놓을 수 있는 제자가 되게 하옵소서.

물질의 은사도 충만하게 채워주옵소서. 그리하여 주님의 마음을 담아낼 수 있는 곳에 주님의 손과 발을 대신하며, 주님의 사랑을 보여줄 수 있는 제자가 되게 하옵소서.

전도의 은사도 충만하게 채워주옵소서. 그리하여 주님이 구원하시려는 많은 영혼을 주님께로 인도하는 사람을 낚는 어부가 되게 하옵소서.

은사를 사모하는 자에게 각양 좋은 은사로 채워주실 것을 믿사오며, 예수 그리스도의 이름으로 기도합니다. 아멘

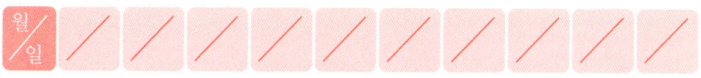

Guide for a prayer
하나님은 신앙의 크기를 재기 위해서 은사를 사모하는 자에게는 은사를 주시지 않습니다. 은사는 섬기는 자에게 필요한 것이기 때문입니다.

형식주의 신앙을 버리게 하소서

Power of word
일어나라 빛을 발하라 이는 네 빛이 이르렀고 여호와의 영광이 네 위에 임하였음이니라 보라 어둠이 땅을 덮을 것이며 캄캄함이 만민을 가리려니와 오직 여호와께서 네 위에 임하실 것이며 그의 영광이 네 위에 나타나리니 나라들은 네 빛으로, 왕들은 비치는 네 광명으로 나아오리라 (이사야 41장 1~3절)

사랑의 주님!
혼란스럽고 힘든 세상 속에서도 믿음으로 살아갈 수 있도록 인도하심을 감사합니다. 주님이 제 손을 잡고 계시기에, 어려움 속에서도 아주 넘어지지 않는 삶이 됐음을 고백합니다.

주님!
세상이 어렵고 힘들다는 이유로 때우기 식의 신앙생활이나, 형식적인 신앙생활로 기울어지지 않기 위하여 기도합니다. 굳세게 붙들어 주옵소서.
어둠이 깊을수록 빛은 더욱 선명하게 비추일 수 있다는 사실을 기억하여 신앙의 빛을 밝게 비출 수 있는 신앙생활을 할 수 있게 하옵소서.
세상이 원하는 방법대로 끌려가지 않게 하시고, 오히려 세상을 주님이 원하시는 대로 끌고 갈 수 있는 신앙생활을 할 수 있게 하옵소서.

어두운 곳마다 주님의 강한 빛으로 환하게 비출 수 있게 하시고, 그늘진 곳마다 아침의 빛 같은 소망을 심어줄 수 있는 신앙생활을 할 수 있게 하옵소서.
불리하다는 이유로 불의를 용납하는 일이 없게 하시고, 고난이 따른다는 이유로 진리를 외면하는 일이 없게 하옵소서. 주님께 부름 받은 십자가의 군병답게 담대함을 가지고 힘 있게 전진할 수 있는 신앙생활이 되게 하옵소서.

주님의 몸 된 교회도 어두운 세상을 밝게 비추일 수 있는 구원의 등대가 되기를 원합니다.
세상이 황토먼지 흩날리는 메마름이 계속되어도, 주님의 교회만큼은 은혜의 단비가 충만하게 내릴 수 있게 하시고, 빛을 잃어가는 이 시대에 구원의 빛, 생명의 빛을 비출 수 있는 교회가 되게 하여 주옵소서.
참 빛이신 예수 그리스도의 이름으로 기도합니다. 아멘

Guide for a prayer
하나님은 어디서든지 기도하면 들어주시지만 특별히 성전에서 기도하는 자에게 응답하시기를 즐거워하십니다. 성전은 하나님이 그 이름을 두신 곳이기 때문입니다.

눈물의 기도가 있게 하소서

Power of word
예수께서 돌이켜 그들을 향하여 이르시되 예루살렘의 딸들아 나를 위하여 울지 말고 너희와 너희 자녀를 위하여 울라 보라 날이 이르면 사람이 말하기를 잉태하지 못하는 이와 해산하지 못한 배와 먹이지 못한 젖이 복이 있다 하리라(누가복음 23장 28~29절)

사랑의 주님!
십자가로 죽음같이 강한 사랑을 보여주셨기에 그 사랑을 통하여 제가 살림을 받게 된 것을 믿습니다. 주님의 그 사랑 앞에서 아무렇지도 않은 듯 육욕만을 채우며 살려고 했던 제 모습이 한 없이 부끄럽기만 합니다.
기도할 때마다 주님의 사랑을 전하며 살겠다는 저의 다짐이 공허한 외침으로만 그치지 말게 하시옵소서.

주님!
세상에 계실 때도 그러셨고, 지금도 하늘 보좌 우편에서 연약한 이 죄인을 위하여 탄식의 기도를 하고 계실 주님을 생각하며, 제가 무엇에 힘써야 하는지를 다시 한 번 깨닫습니다.

주님!
주님의 눈물의 기도를 본받을 수 있게 하옵소서. 육신의 소망에만 마음을 두며, 채워도 채워지지 않는 욕망의 빈 잔을 채우기 위하여 울 것이 아니라, 어두운 영적 현실을 직시하여 깨어 있지 못했던 것을 안타까워하며 주님께 눈물을 쏟을 수 있게 하옵소서.

교회가 부흥이 안 되고 나라가 힘들어지는 것도, 그 옛날 강산마다 메아리쳤던 그 간곡한 성도들의 부르짖음이 사라졌기 때문인 것을 믿습니다. 하늘로 향하여 있는 기도의 파이프가 녹이 슬어 꽉 막혀 있기 때문인 것을 믿습니다.

주여!
이제는 눈물의 기도를 회복하게 하옵소서. 마음을 쏟고 영혼을 쏟아내는 눈물의 기도를 쉬지 않게 하옵소서. 모든 것을 내 탓으로 여기며 끌어안고 중보의 기도를 쉬지 않게 하옵소서. 저희의 눈물의 기도가 하늘을 적시고 땅을 적셔서, 곳곳마다 다시금 주님의 은혜의 강물이 흐르게 하옵소서. 예수 그리스도의 이름으로 기도합니다. 아멘

Guide for a prayer
주님의 보좌 앞에 드려지는 우리의 눈물의 기도야말로 주님의 마음을 살필 줄 아는 성숙된 기도의 모습입니다.

순종하는 믿음이 되게 하소서

Power of word
그가 아들이시면서도 받으신 고난으로 순종함을 배워서 온전하게 되셨은즉 자기에게 순종하는 모든 자에게 영원한 구원의 근원이되시고(히브리서 5장 8~9절)

순종의 본이 되신 주님!
험한 십자가에서 속죄제물이 되시기까지 순종하셔서 죄인들을 죽음의 자리에서 일으켜 주신 주님의 은혜와 사랑을 생각하면 수 만개의 입으로도 감사가 부족함을 깨닫습니다.

주님!
주님의 온전하신 순종이 배어있는 피 묻은 십자가를 바라볼 때에 오만하고 자고하였던 마음이 하나씩 깨져가는 것을 경험합니다. 겸손함으로 주님을 닮고자 하는 저의 마음이 순종으로 나타날 수 있게 하옵소서.
주님이 아버지께 순종하심으로 그분의 계획하심을 온전히 이루셨듯이, 저 또한 주님께 순종하는 삶을 살아감으로 주님의 뜻하심을 온전히 이루는 삶이 되게 하옵소서.
또한, 주님이 아버지께 순종하심으로 그분이 영광을 받으시고 기뻐하셨듯이, 저 또한 주님께 순종하는 하는 삶을 살아감으로 주님이 영광을 받으시고 기쁨이 되는 삶이 되게 하옵소서.
주님께 순종하는 그 중심에는 항상 사랑이 숨 쉬게 하셔서 봉사와, 섬김과, 충성과 헌신의 행위 속에서 주님이 기뻐하시는 순종의 욕구만 더해질 수 있게 하옵소서.

주님!
주님의 명령에는 귀신도 순종하고, 자연도 순종하고, 사망도 순종한 것을 봅니다. 저 같은 죄인이 주님께 순종하지 못할 이유가 전혀 없음을 깨닫습니다. 그 어떤 이유로도 주님의 순종하심을 닮아가는 데 핑계를 앞세우지 않게 하옵소서.

혹여, 주님께 순종하며 살기를 원하는 제 중심이 흔들릴 때마다 죽기까지 복종하셨던 주님을 바라볼 수 있게 하시고, 환경을 핑계 삼아 제 결심이 게을러질 때마다 믿음의 주요 온전하게 하시는 주님을 바라볼 수 있게 하옵소서.
순종하심으로 하나님의 뜻을 온전히 이루신 예수 그리스도의 이름으로 기도합니다. 아멘

Guide for a prayer
하나님의 뜻에 전적으로 바쳐진 마음의 상태와, 그분께 순종하기를 깊이 갈망하는 마음이 그분이 받으시는 기도의 조건입니다.

말씀을 가까이하게 하소서

Power of word
모든 성경은 하나님의 감동으로 된 것으로 교훈과 책망과 바르게 함과 의로 교육하기에 유익하니 이는 하나님의 사람으로 온전케 하며 모든 선한 일을 행하기에 온전케 하려 함이니라.(디모데후서 3장 16~17절)

지금도 말씀으로 찾아오시는 주님!
계시된 말씀을 통하여 주님을 만나고 주님을 경험하는 삶을 살 수 있게 하시니 감사합니다.
구원 받은 주님의 백성으로서 항상 말씀을 묵상하며, 말씀이 중심이 되는 복된 삶을 살아갈 수 있게 하옵소서.

복 있는 사람은 말씀을 즐거워하여 그 말씀을 주야로 묵상하는 자라고 하였사오니, 항상 주님의 말씀을 묵상함으로 계시된 말씀 속에서 주님의 음성을 듣는 복 있는 삶이 되게 하옵소서(시1편).
또한, 주의 말씀은 내 발에 등이요 내 길에 빛이라고 말씀하였사오니, 언제라도 주님의 말씀을 묵상함으로 보이지 않는 제 인생항로를 비추고 계시는 주님의 은혜를 경험하게 하옵소서(시119:105).

주님!
갓난아이가 젖을 사모하듯이, 항상 신령한 젖을 사모하는 주님의 자녀가 되기를 원합니다(벧전2:1-2). 마리아처럼 예언의 말씀을 듣고 배우기를 좋아하는 주의 백성이 되기를 원합니다(눅10:39).
그러므로 어린아이같이 약한 제 믿음이 거듭 성장하여 주님이 기뻐하시는 30배, 60배, 100배의 결실을 맺을 수 있게 하시고, 마리아처럼 향유옥합도 기꺼이 깨뜨려서 주님께 드릴 수 있는 헌신이 묻어나는 삶이 되게 하옵소서.

주님!
제 일생을 다하기까지 주님의 말씀이 항상 제 입에서 떠나지 않게 하셔서, 이전에 보지 못한 것을 보며, 이전에 듣지 못한 것을 들으며, 이전에 하지 못한 것을 할 수 있는 영생의 기쁨을 누리며 살아갈 수 있게 하옵소서(수1:8).
예수 그리스도의 이름으로 기도합니다. 아멘

Guide for a prayer
하나님께서는 주님의 말씀을 따라 간구하는 사람들이면 누구에게나 똑같이 응답해 주십니다.

성령의 열매를 맺게 하소서

Power of word
오직 성령의 열매는 사랑과 희락과 화평과 오래 참음과 자비와 양선과 충성과 온유와 절제니 이같은 것을 금지할 법이 없느니라 그리스도 예수의 사람들은 육체와 함께 그 정욕과 탐심을 십자가에 못 박았느니라(갈라디아서 5장 22~24절)

은혜의 주님!
"너희는 성령을 따라 행하라"(갈5:16)는 주님의 말씀을 기억합니다. 이 땅을 주님의 자녀로 살아가면서, 성령을 따라 행하는 열매들이 아름답게 맺혀질 수 있게 하옵소서.

도무지 사랑할 수 없는 대상도 십자가의 사랑을 앞세워 사랑함으로 주님이 바라시는 사랑의 열매를 맺을 수 있게 하옵소서.
도무지 견디기 힘든 어려움과 역경에 처할지라도 십자가에서 오래 참으신 주님을 앞세워 인내함으로 주님이 바라시는 희락(기쁨)의 열매를 맺을 수 있게 하옵소서.
도무지 화평할 수 없는 대상도 십자가로 화평을 이루신 주님을 앞세워 평화함으로 주님이 바라시는 화평의 열매를 맺을 수 있게 하옵소서.
도무지 견딜 수 없는 수모를 당할지라도 십자가에서 온갖 수모를 견디신 주님을 앞세워 참아냄으로 주님이 바라시는 오래 참음의 열매를 맺을 수 있게 하옵소서.

선한 사마리아처럼 불쌍한 이웃을 외면하지 않고 친절과 긍휼을 베풀 수 있는 자비의 열매가 있게 하시고, 거짓과 악이 난무한 세상에서 선한 양심을 보임으로 주님이 바라시는 양선의 열매를 맺을 수 있게 하옵소서.

생명의 면류관을 받기까지 죽도록 충성하여 주님이 바라시는 충성의 열매를 맺을 수 있게 하시고, 주님의 온유하신 성품을 본받아 땅도 기업으로 받게 되는 온유의 열매를 맺을 수 있게 하옵소서.
또한 육체의 소욕대로 살지 아니함으로 절제의 열매를 맺게 하셔서 성령의 아홉 가지 열매를 모두 맺을 수 있는 복 있는 삶이 되게 하옵소서.
예수 그리스도의 이름으로 기도합니다. 아멘

Guide for a prayer
일생생활에서 하나님의 자녀들이 언제나 끊임없이 간구해야하는 기도는 성령의 아홉 가지 열매를 온전히 맺기 위한 기도입니다.

하나님 마음에 합한 사람이 되게 하소서

Power of word

그 후에 그들이 왕을 구하거늘 하나님이 베냐민지파 사람 기스의 아들 사울을 사십 년간 주셨다가 폐하시고 다윗을 왕으로 세우시고 증언하여 이르시되 내가 이새의 아들 다윗을 만나니 내 마음에 맞는 사람이라 내 뜻을 다 이루리라 하시더니(사도행전 13장 21~22절)

저보다 저를 더 잘 아시는 주님!
저의 인격과 심성이 다윗처럼 하나님의 마음에 합한 사람이 되기를 원하며 기도합니다.
저로 하여금 다윗처럼 하나님을 전적으로 믿고 의지하고 바라보며 살아갈 수 있는 삶이 되게 하옵소서.

제 앞에 누가 있든지, 어떤 환경이든지, 그것에 주눅 들거나 흔들리지 않고, 오직 하나님의 인도하심만 믿고 바라보며 그 인도하심에 순응하며 살아갈 수 있게 하옵소서.
또한, 성전을 사랑하는 다윗의 마음을 품을 수 있기 원합니다.
왕궁에서 사는 것보다 하나님의 집에서 영원히 살기를 소원하였던 그의 마음이 저의 가슴으로 스며들게 하셔서 주님의 몸 된 교회를 가까이하기를 기뻐하며 그곳에 영원히 머물기를 즐거워할 수 있는 삶이 되게 하옵소서.

또한, 최악의 상황에서도 항상 자신을 훈련하기를 힘썼던 다윗의 신앙을 본받기 원합니다. 어느 때라도 자신을 제련시키며 훈련하는데 게으름이 없게 하셔서, 주님이 쓰시고자 할 때에 합당한 도구로 쓰임 받게 하옵소서.

또한, 마음을 찢는 회개로 주님의 긍휼을 바라보았던 다윗의 진실함을 본받기를 원합니다. 언제나 상한 마음을 주님께 내려놓음으로 켜켜이 쌓여진 저의 위선이 주님의 영광을 가리지 않게 하옵소서.

주님!
다윗의 평생에 하나님의 뜻을 다 이루는 복의 사람이 되었듯이, 저 또한 허락하신 삶 동안에 하나님의 뜻을 다 이루어가는 은혜의 사람으로 쓰임 받을 수 있게 하옵소서.
예수 그리스도의 이름으로 기도합니다. 아멘

Guide for a prayer
우리의 기도의 본질은 주님을 신뢰하는 것입니다. 주님을 신뢰하는 마음으로 드리는 기도에는 말을 많이 쏟아내지 않아도 헤아려주시는 그분의 손길을 느낄 수 있습니다.

입술의 열매를 맺게 하소서

Power of word

사람의 입에서 나오는 열매로 말미암아 배부르게 되나니 곧 그의 입술에서 나는 것으로 말미암아 만족하게 되느니라 죽고 사는 것이 혀의 힘에 달렸나니 혀를 쓰기 좋아하는 자는 혀의 열매를 먹으리라(잠언 18장 20~21절)

제 마음을 다 아시는 주님!
저의 입에서 나오는 언어가 주님께 기쁨을 드리는 언어가 되기 위하여 기도합니다.
삶에 지친 영혼에게는 산 소망이 되시는 주님을 알려줄 수 있는 구원의 언어가 되게 하시고, 갈길 몰라 방황하는 영혼에게는 길 되신 예수님을 알려줄 수 있는 생명의 언어가 되게 하옵소서.
질병의 고통 속에 있는 영혼에게는 능력의 말씀으로 회복을 심어줄 수 있는 치유의 언어가 되게 하시고, 절망 속에 있는 영혼에게는 생명의 말씀으로 용기를 심어줄 수 있는 희망의 언어가 되게 하옵소서.
불안과 공포에 시달리는 영혼에게는 평안을 주시는 예수님을 알려줄 수 있는 안식의 언어가 되게 하시고, 고독과 외로움에 시달리는 영혼에게는 친구가 되어주시는 예수님을 알려줄 수 있는 사랑의 언어가 되게 하옵소서.

실패로 괴로워하는 영혼에게는 위로자 되시는 주님을 알려줄 수 있는 격려의 언어가 되게 하시고, 배신의 아픔으로 힘들어하는 영혼에게는 용서의 주님을 알려줄 수 있는 자비의 언어가 되게 하옵소서.

주님!
언제나 저의 입에서 나오는 언어가 불신자들 앞에서나 신앙인들 사이에서 주님의 마음을 담아낼 수 있는 복 있는 언어가 되기를 원합니다. 항상 주님의 마음이 담긴 언어를 사용함으로 주님이 기뻐하시는 뜻이 무엇인지를 좇아가는 삶이 되게 하옵소서.
또한, 어두움 가운데 있는 영혼을 주님께로 인도할 수 있는 빛의 언어, 믿음의 언어가 있는 삶이 되게 하옵소서.
언제나 주님께 기쁨을 드리는 입술의 열매를 맺기를 원하오며, 예수 그리스도의 이름으로 기도합니다. 아멘

Guide for a prayer
기도는 하나님께서 우리에게 말씀을 들려주시고, 또 우리에게 하나님의 뜻을 나타내시는 기회를 제공하는 것입니다.

주님만 의지하게 하소서

Power of word

나의 힘이 되신 여호와여 내가 주를 사랑하나이다 여호와는 나의 반석이시요 나의 요새시요 나를 건지시는 이시요 나의 하나님이시요 내가 그 안에 피할 나의 바위시요 나의 방패시요 나의 구원의 뿔이시요 나의 산성이시로다.(시편 18편 1~2절)

자비하신 주님!
슬플 때나, 기쁠 때나, 일할 때나, 쉴 때에도 함께하시고 주님의 선하신 뜻대로 이끌어주심을 감사합니다. 언제나 함께하시는 주님의 은혜를 맛보아 아는 삶이 되게 하옵소서.

주님!
시대가 점점 더 악하게 변해가고 있음을 깨닫습니다. 이런 때일수록 오직 주님만 의지하는 삶이되기를 원합니다. "여호와께 피함이 사람을 신뢰함보다 나으며, 여호와께 피함이 고관들을 신뢰함보다 낫다"(시118:8,9)고 했사오니, 사람을 의지하다가 낙심하는 일 없게 하시고, 의인의 요동함을 영영히 허락지 아니하시는 주님만을 의지하는 삶이 되게 하옵소서.

또한, 가진 재물도 의지하지 않기를 원합니다. 있다가도 없어지는 재물에 마음을 빼앗겨서 물질이 우상이 되는 일이 없게 하시고, 오직 모든 경영을 이루시는 주님만을 의지하는 삶이 되게 하옵소서.

주님!
잘못된 풍습에도 빠져들지 않기를 원합니다. 입이 있어도 말하지 못하고 눈이 있어도 보지 못하며 귀가 있어도 듣지 못하는 우상을 의지하는 일이 없게 하시고, 눈에 보이는 것이 없고, 귀에 들리는 것이 없고, 손에는 잡히는 것이 없다 할지라도, 지금도 살아계셔서 온 우주를 섭리하시는 주님만을 의지하는 삶이 되게 하옵소서.

입술로는 주님만을 의지한다고 하면서도 실생활에서는 주님을 잊고 사는 경우가 많사오니, 그 때마다 깨닫는 은혜를 주셔서 항상 주님을 의지하며 사는 모습이 되게 하옵소서.
항상 주님만을 의지하는 삶이기를 원하오며, 예수 그리스도의 이름으로 기도합니다. 아멘

Guide for a prayer
목자는 양을 알고 양은 목자의 음성을 듣습니다. 우리의 목자이신 주님은 그분의 양인 우리의 음성에 항상 귀를 기울이고 계십니다.

영적으로 승리하게 하소서

Power of word

마귀의 간계를 능히 대적하기 위하여 하나님의 전신갑주를 입으라 우리의 씨름은 혈과 육을 상대하는 것이 아니요 통치자들과 권세들과 이 어둠의 세상 주관자들과 하늘에 있는 악의 영들을 대함이라 그러므로 하나님의 전심갑주를 취하라 이는 악한 날에 너희가 능히 대적하고 모든 일을 행한 후에 서기 위함이라(에베소서 6장 11~13절)

존귀하신 주님!
죄로 인하여 영원히 죽을 수밖에 없는 이 죄인을 주님의 대속의 죽음으로 다시 살리신 은혜와 사랑을 감사합니다.
항상 주님의 크신 은혜와 사랑을 기억하며 주님의 자녀답게 살아야 하는데, 사탄의 교묘한 유혹에 빠져 넘어질 때가 한두 번이 아니었음을 고백합니다. 용서하여 주옵소서.

주님!
영적으로 승리하는 삶을 살기 위하여 기도합니다. 사탄이 우는 사자같이 삼킬 자를 찾기 위하여 몸부림 치고 있는 이때에, 그 영에 미혹되지 않기 위하여 언제나 성령 충만을 사모할 수 있게 하옵소서.

주일예배만 드리는 것으로 성령 충만한 생활이 유지될 것이라 자만하지 말게 하시고, 모든 예배와 기도생활에 충실할 수 있는 신앙생활이 되게 하옵소서.

에덴동산의 아담과 하와를 넘어뜨렸던 사단이 지금은 성도의 마음에 자기의 왕국을 우뚝 세우는 것임을 기억하여 언제나 근신하여 자기를 돌아보는 신앙의 습관이 있게 하옵소서.
바울이 세운 그 많은 교회가 지금은 흔적조차 남아있지 않다는 것을 기억합니다. 지금의 저희도 영적으로 강하게 무장하지 않으면 언제라도 사단의 밥이 될 수 있다는 것을 잊지 않게 하옵소서.

주님!
저희가 미혹에 이끌리게 되면 주님의 교회가 무너지고, 주님이 능욕을 받게 됨을 깨닫습니다. 분초라도 영적으로 여유부리는 일이 없게 하시고, 항상 기도하는 생활로 영적인 방어벽을 견고히 할 수 있는 믿음이 되게 하옵소서.
예수 그리스도의 이름으로 기도합니다. 아멘

Guide for a prayer
사탄은 그리스도인들이 기도하는 것을 가장 두려워합니다. 그리스도인들이 기도할 때, 주의 능력을 힘입게 된다는 것을 너무나 잘 알고 있기 때문입니다.

주님의 성품으로 변화 받게 하소서

Power of word
이로써 그 보배롭고 지극히 큰 약속을 우리에게 주사 이 약속으로 말미암아 너희가 정욕 때문에 세상에서 썩어질 것을 피하여 신성한 성품에 참여하는 자가 되게 하려 하셨느니라(베드로후서 1장 4절)

사모하는 주님!
고달픈 인생길을 늘 붙잡아 주셔서 절망과 낙심 가운데 방황하지 않도록 인도하여 주심을 감사드립니다. 제가 진정 사모하는 마음으로 주님의 이름을 높이 부르오니 긍휼히 여기사 가난한 심령을 찾아오시옵소서.

주님!
나를 본받으라고 하신 주님의 말씀을 기억합니다. 주님을 믿는 믿음이 연약해도 주님의 성품을 닮아가기를 원하여 기도하오니 계신 곳 하늘에서 들으시옵소서.

주님!
살아가는 동안 날마다 그리스도의 성품으로 변화 받기 위해 마음을 쏟을 수 있는 저의 삶이 되게 하옵소서. 주님의 영원한 생명을 받은 자로서 날마다 새로워지고 성숙되어 갈 수 있는 믿음이 되게 하옵소서.

그리스도를 아는 지식과 총명으로 자라갈 수 있게 하시고, 주님의 성품이 나타나는 그리스도인으로 살아갈 수 있게 하옵소서.

"빛의 열매는 모든 착함과 의로움과 진실함에 있느니라."(엡 5:9)고 말씀하신대로 주님의 빛 된 자녀로서 의롭고, 거룩하고, 진실한 삶의 열매를 맺을 수 있게 하옵소서. 주님의 사랑과 겸손과 온유의 성품을 닮을 수 있게 하시고, 항상 진실하고 정직하고 충성되게 주님을 섬길 수 있게 하옵소서.
살든지, 죽든지, 흥하든지, 망하든지 제 안에서 주님만이 존귀하게 되고 영광을 받으시는 삶이 있게 하옵소서.
제자신의 이익보다 주님의 영광과 형제의 유익을 위해 희생과 헌신의 삶을 살아갈 수 있게 하옵소서.
예수 그리스도의 이름으로 기도합니다. 아멘

Guide for a prayer
기도를 통하여 주님의 마음을 읽어갈 수 있다면 우리는 이미 그분의 성품을 닮아가는 것입니다.

부끄럽지 않는 삶이 되게 하소서

Power of word
나의 간절한 기대와 소망을 따라 아무 일에든지 부끄러워하지 아니하고 지금도 전과 같이 온전히 담대하여 살든지 죽든지 내 몸에서 그리스도가 존귀하게 되게 하려 하나니(빌립보서 1장 20절)

소망의 주님!
십자가로 저의 죄를 대신 심판하시고 그 십자가로 저를 살리심을 감사합니다. 그것이 하나님의 의요 사랑임을 깨닫습니다.
그 십자가 앞에 설 때마다 의롭지 못한 저 자신으로 인해, 사랑하지 못한 저 자신으로 인해 부끄러워할 수밖에 없음을 고백하오니 용서하여 주옵소서.

주님!
사도바울처럼 아무 일에든지 부끄럽지 않는 삶이되기를 소망하며 기도합니다. 어떤 위치에 있든지, 어떤 형편에 처하든지, 하나님 앞에서나 사람 앞에서 부끄럽지 않은 삶이되기를 힘쓰며 살아갈 수 있게 하옵소서.
주님이 제게 주신 일, 제게 주신 사명에도 부끄럽지 않는 삶이 되기를 소망합니다. 어디서든지, 어느 순간이든지 당연히 해야 할 일을 하지 못함으로 부끄러움을 당하는 일이 없게 하옵소서. 이 죄인을 부끄럽지 않게 하시려고 재능과 은사도 주셨사오니, 그것으로 달란트를 남기고 열매를 얻는 삶이 되게 하옵소서.

주님!
특별히 주님의 몸 된 교회를 섬기는 일에 부끄럽지 않기를 원합니다. 저 때문에 교회가 어려워지거나 비난을 받는 일이 없게 하시고, 저의 섬김을 통해서 주님이 기뻐하시며, 영광 받으시는 복된 일들만 드러나게 하옵소서.
또한, 주님이 그토록 바라시는 영혼을 구원하고 살리는 일에 부끄럽지 않기를 원합니다. 제 자신이 어떠하든, 제 환경이 어떠하든지 부끄러워하지 아니하고, 힘을 다하여 복음을 전할 수 있게 하옵소서. 저의 삶이 주님만이 흡족해하실 기쁨이 되기를 소망하오며, 예수 그리스도의 이름으로 기도합니다. 아멘

Guide for a prayer
주님이 부끄러워하시는 사람은 항상 기도하라는 주님의 말씀을 알고도 모른 체 하는 사람입니다.

자신을 잘 죽일 수 있게 하소서

Power of word
형제들아 내가 그리스도 예수 우리 주 안에서 가진 바 너희에게 대한 나의 자랑을 두고 단언하노니 나는 날마다 죽노라(고린도전서 15장 31절)

사랑의 주님!
이 죄인을 살리시려고 자신의 몸을 십자가에 던지신 주님의 사랑을 생각하면 한량없으신 주님의 사랑에 감복할 뿐입니다. 이 죄인이 무엇으로 그 은혜를 값을 수 있겠습니까? 오히려 주님의 은혜를 저버리는 삶을 사는 것 같아 너무 부끄럽기만 합니다.

주님!
주님의 그 놀라우신 희생 앞에서 아직도 제 모습은 여전히 시퍼렇게 살아있음을 깨닫습니다. 여전히 교만에 젖어 있고, 자기를 내세우는 것에 익숙해 있음을 깨닫습니다.

주님!
이 죄인이 날마다 제 자신을 죽이는 일에 익숙해질 수 있게 하옵소서. 자기 자신을 죽이는 것이 십자가의 주님을 닮아가는 것임을 믿사오니, 무엇보다 제 자신을 잘 죽여서 제 속에서 주님이 거하시는 성령의 전이 될 수 있게 하옵소서.

성령의 열매는 절제라고 하였사오니, 육체의 정욕을 억제할 수 있게 하시고, 성령을 거스르는 말과 행동을 철저히 금할 수 있게 하옵소서.

화려함보다 검소한 생활에 익숙해질 수 있게 하시고, 제가 가진 모든 것을 주님의 나라와 의를 위하여 보람 있게 쓸 수 있는 믿음이 되게 하옵소서.

어쩌다 모욕을 당해도 끝까지 참을 수 있게 하시고, 엉뚱한 오해를 받아도 자기변명을 앞세우지 않게 하옵소서.

무슨 일을 하든지 자기 의를 드러내거나 자기 공을 앞세우지 않게 하셔서 모든 영광을 오직 주님께만 돌릴 수 있게 하옵소서.

제 삶의 영역에서 자기를 온전히 죽이는 모습만 넘쳐남으로, 저를 통하여 드러나는 것은 오직 주님의 사랑이 되게 하옵소서. 이 땅을 살아가는 동안 언제라도 주님이 쓰시기에 가장 편한 도구가 되기를 소원하오며, 예수 그리스도의 이름으로 기도합니다. 아멘

Guide for a prayer
그리스도인의 기도는 자아가 죽고 겸손과 온유를 배우는 내적 투쟁입니다.

한계를 뛰어넘는 믿음이 되게 하소서

Power of word
예수께서 이르시되 할 수 있거든이 무슨 말이냐 믿는 자에게는 능히 하지 못할 일이 없느니라 하시니(마가복음 9장 23절)

힘과 능력이 되시는 주님!
불완전한 저의 삶을 붙드셔서 주님을 가까이 하는 삶을 살게 하시니 감사합니다. 언제나 저의 삶속에서 측량할 수 없는 주님의 사랑과 은혜가 경험되어지는 복 있는 삶이 되게 하옵소서.

주님!
주님을 믿고 의지하는 저의 삶이지만 여러 가지 한계상황에 부딪칠 때마다 불신앙의 자리에 있는 저의 모습을 발견합니다. 저를 지켜주시고 인도하시는 주님이 계심에도 불구하고 주님을 온전히 신뢰하지 못하는 제 모습이 한 없이 부끄럽기만 합니다.

주님!
한계에 부딪칠 때마다 잘 뛰어넘을 수 있는 믿음의 삶이되기 위하여 기도합니다. 그 어떤 극한상황을 만나든지 주님을 의지하는 믿음을 앞세움으로 주님을 기쁘시게 할 수 있는 삶이 되게 하옵소서.

이해할 수 없는 어려운 문제를 만날지라도 당황하거나 염려하기보다는 저의 삶에 주인이 되시는 주님을 더욱 신뢰함으로 문제의 한계를 잘 뛰어넘을 수 있게 하옵소서.

뜻하지 않은 질병이 찾아올지라도 놀라거나 불안해하기보다는 죽음도 다스리시는 주님을 더욱 신뢰함으로 질병의 한계를 잘 뛰어넘을 수 있게 하옵소서.

감당하기 힘든 시험이 닥쳐올지라도 낙심하거나 절망하기보다는 합력하여 선을 이루시는 주님을 더욱 신뢰함으로 시험의 한계를 잘 뛰어넘을 수 있게 하옵소서.

어떤 환경에 놓이든지 환경을 보는 것이 아니라 주님을 볼 수 있게 하셔서 제 삶의 주인이신 주님을 더욱 신뢰함으로 주님께 기쁨이 되게 하옵소서.

예수 그리스도의 이름으로 기도합니다. 아멘

Guide for a prayer
주님의 능력과 사랑을 확신하고 있는 그리스도인이라면 위기의 한계를 기도응답의 기회로 만듭니다.

품을 수 있게 하소서

Power of word
너희 안에 이 마음을 품으라 곧 그리스도 예수의 마음이니 그는 근본 하나님의 본체시나 하나님과 동등됨을 취할 것으로 여기지 아니하시고 오히려 자기를 비워 종의 형체를 가지사 사람들과 같이 되셨고 사람의 모양으로 나타나사 자기를 낮추시고 죽기까지 복종하셨으니 곧 십자가의 죽으심이라(빌립보서 2장 5~8절)

사랑의 주님!
만 가지 죄로 얼룩진 이 죄인을 십자가의 사랑으로 품어주셔서 죄 사함 받은 주님의 자녀로 살게 하시니 감사합니다.
이 죄인을 품어주신 주님의 은혜와 사랑을 생각하며 주님의 마음을 품고 살기를 간절히 원하여 기도합니다. 주님을 의지하는 믿음으로 모든 것을 품을 수 있게 하옵소서.

저를 어렵게 하고 힘들게 하는 사람도 주님의 십자가의 사랑을 앞세워 품을 수 있게 하시고, 저에게 상처와 아픔을 주는 사람도 주님의 십자가의 사랑을 앞세워 품을 수 있게 하옵소서.
저의 부족함과 허물을 들추어내는 사람도 주님의 십자가의 사랑을 앞세워 품을 수 있게 하시고, 저를 비난하며 헐뜯는 사람도 주님의 십자가의 사랑을 앞세워 품을 수 있게 하옵소서.

저의 실수와 잘못을 들추어내는 사람도 주님의 십자가의 사랑을 앞세워 품을 수 있게 하시고, 저를 이유 없이 미워하고 욕하는 사람도 주님의 십자가 사랑을 앞세워 품을 수 있게 하옵소서.

저에게 물질의 손해를 주고 배신의 쓴잔을 마시게 한 사람도 십자가의 사랑을 앞세워 품을 수 있게 하시고, 저에게 마음의 병, 육신의 질병을 갖게 한 사람도 십자가의 사랑을 앞세워 품을 수 있게 하옵소서.

주님!
인간의 죄악과 죽음까지도 기꺼이 품으신 주님을 닮아가기를 원합니다. 저에게 항상 주님의 십자가만 보이게 하시고, 그 사랑이 저를 주장하게 하옵소서. 십자가로 모든 것을 품으신 예수 그리스도의 이름으로 기도합니다. 아멘

Guide for a prayer
기도는 품을 수 없는 사람까지도 주님의 십자가의 사랑을 앞세워 기꺼이 품기 위하여, 기꺼이 자신을 쳐서 복종하는 행위입니다.

겸손의 신앙이 되게 하소서

Power of word
젊은 자들아 이와 같이 장로들에게 순종하고 다 서로 겸손으로 허리를 동이라 하나님은 교만한 자를 대적하시되 겸손한 자들에게는 은혜를 주시느니라.(베드로전서 5장 5절)

최고의 겸손을 보이신 주님!
이 못난 죄인을 위하여 주님이 도살장으로 끌려가는 순한 양이 되셨기에, 구원의 은혜를 누리게 되었음을 감사합니다.
그 은혜와 사랑에 응답하여 주님을 닮아가기를 소원하며 기도합니다.

주님!
저로 하여금 겸손의 신앙을 갖게 하여 주옵소서. 겸손으로 허리를 동이게 하시고, 겸손으로 주님 앞에 무릎 꿇게 하시며, 겸손으로 주님의 몸 된 교회를 섬길 수 있게 하옵소서.
겸손으로 두 손을 높이 들어 주님을 찬양하게 하시고, 겸손으로 주님의 말씀을 받을 수 있게 하시며, 겸손으로 주님의 말씀에 순종하여 주님께 영광을 돌릴 수 있게 하옵소서.

또한, 겸손으로 믿음의 공동체를 위하여 봉사할 수 있게 하시고, 겸손으로 형제자매를 성심껏 섬기게 하시며, 겸손으로 상대방을 이해하고 용납하는 믿음의 덕을 세울 수 있게 하옵소서. 또한, 겸손으로 이웃을 사랑하며 섬기게 하시며, 겸손으로 길 잃은 영혼을 품어줌으로 주님 앞으로 인도할 수 있게 하옵소서.

주님!
겸손하지 못한 저의 신앙 때문에 주의 사랑을 입은 자들이 상처를 받거나 실족하는 일이 없기를 원합니다. 주님의 겸손하심과 희생위에 세워진 교회를 어지럽히는 일이 없기를 원합니다.
교만과 자랑이 불쑥 불쑥 솟아오를 때마다 십자가의 주님을 바라보며 교만을 꺾을 수 있게 하시고, 더 많이 엎드림으로 주님의 겸손하심을 배울 수 있게 하옵소서.
이 땅을 살아가는 동안 겸손으로 주님의 나라를 받을 수 있는 자녀가 되기를 원하오며, 겸손의 본을 보이신 예수 그리스도의 이름으로 기도합니다. 아멘

Guide for a prayer
주님은 우리에게 교만을 꺾고 겸손으로 허리를 동일 수 있는 방법을 알게 하셨는데, 그것은 기도를 통하여 그분의 피 묻은 십자가를 바라보게 하는 것입니다.

사랑하게 하소서

Power of word

내가 사람의 방언과 천사의 말을 할지라도 사랑이 없으면 소리 나는 구리와 울리는 꽹과리가 되고, 사랑은 언제까지든지 떨어지지 아니하되 예언도 폐하고 방언도 그치고 지식도 폐하리라.(고린도전서 13장 1,8절)

고마우신 주님!
부족한 저를 항상 주님의 사랑 안에 있게 하심을 감사합니다. 언제나 넘치는 주님의 사랑을 받고 사는 인생임을 깨닫습니다.
하지만 제 삶을 돌이켜 보면 주님의 사랑을 받고, 주님의 사랑 안에 있으면서도 그 사랑을 실천하기에 왜 그다지도 인색했는지 모릅니다. 그러면 안 되는 줄 알면서도 늘 미움에 이끌려 다니기를 좋아했고, 판단과 질투의 화신으로 변해 있을 때가 많았습니다. 이런 제 모습을 보시며 얼마나 안타까워 하셨겠습니까?

주님!
저에게 성령의 충만함을 허락하여 주셔서 사랑의 큰 능력을 힘입게 하옵소서. 믿음과 소망과 사랑 중에 제일은 사랑이라고 하였사오니, 주님이 보여주신 그 크신 사랑을 나타낼 수 있는 삶이 되게 하옵소서.

주님!

사랑이 식어진 까닭에 분노와 증오로 가득한 세상을 봅니다. 고통과 아픔으로 가득한 세상을 봅니다. 온갖 상처로 얼룩진 세상을 끌어안고 울며 기도할 수 있게 하시고, 사랑의 씨앗을 심고 사랑의 꽃을 피우며 열매를 맺을 수 있는 삶을 살아갈 수 있게 하옵소서.

주님의 몸 된 교회도 주님의 십자가의 사랑으로 세워진 곳이기에, 사랑의 욕구를 충족시켜 나갈 수 있는 주님의 지체가 되기를 원합니다.

사랑으로 섬기며 봉사할 수 있게 하시고, 사랑으로 충성하며 헌신할 수 있게 하옵소서. 사랑으로 순종하며 희생할 수 있게 하시고, 사랑으로 맡겨진 본분에 최선을 다할 수 있게 하옵소서. 주님이 세우신 이 동산에 오직 사랑만이 흐르는 시냇가가 되기를 원합니다.

예수 그리스도의 이름으로 기도합니다. 아멘

Guide for a prayer
우리 마음속에 하나님의 사랑이 강같이 흐르게 할 수 있는 방법은 날마다의 기도를 통하여 십자가의 그 사랑을 뼛속까지 느껴가는 것입니다.

기뻐하며 살게 하소서

Power of word
주 안에서 항상 기뻐하라 내가 다시 말하노니 기뻐하라 너희 관용을 모든 사람에게 알게 하라 주께서 가까우시니라(빌립보서 4장 4~5절)

기쁨의 근원이 되시는 주님!
보잘 것 없는 이 죄인에게 영원한 기쁨을 주시기 위하여 대속의 희생제물이 되신 주님께 감사와 영광을 돌립니다. 여전히 엉클어지고 못난 모습이지만 주님을 본받기를 소망하는 제 마음을 기쁘게 받아주옵소서.

주님!
항상 기쁨을 잃지 않는 삶이되기를 원하여 기도합니다. 무엇을 하든지, 무슨 일을 만나든지 항상 주님의 백성으로 기뻐할 수 있는 삶이 되게 하옵소서. 사탄은 지금도 원망과 불평을 이용하여 저에게서 기쁨을 빼앗으려고 하고 있지만, "항상 기뻐하라"는 주님의 말씀을 앞세워 살아감으로, 사탄의 꾐을 무력화시키는 삶이 되게 하옵소서.

주님!
특히 주님의 일꾼으로 부름 받았사오니 무슨 일을 하든지 기쁨으로 봉사할 수 있게 하시고, 기쁨이 샘솟는 교회로 든든히 세워갈 수 있게 하옵소서.

주 안에서, 그리스도의 지체된 서로를 격려하고 칭찬함으로 기쁨이 풍성해지는 신앙공동체를 세울 수 있게 하시고, 이 땅 위에서도 천국의 기쁨을 누릴 수 있는 믿음의 공동체를 세울 수 있게 하옵소서.
가정에서도 항상 사랑을 심고, 화목을 심고, 평화를 심으며 기쁨의 꽃망울을 터트릴 수 있게 하옵소서. 서로의 꿈과 비전을 축복해주고, 작은 고민도 진지하게 들어주며 위로함으로, 주님께 드릴 기쁨의 열매가 가득 넘치는 가정을 세울 수 있게 하옵소서.

직장과 일터에서도 기쁨의 전도자가 되기를 원합니다. 만나고 접촉하는 모든 사람들을 기쁘게 대함으로 웃음을 선물할 수 있는 그리스도의 사람이 되게 하옵소서.
예수 그리스도의 이름으로 기도합니다. 아멘

Guide for a prayer
사도바울은 주 안에서 항상 기뻐할 수 있는 삶이 되기 위하여, 범사에 감사하며 쉬지 말고 기도할 것을 간곡히 부탁하였습니다.

더욱 감사하게 하소서

Power of word
그러므로 너희가 그리스도 예수를 주로 받았으니 그 안에서 행하되 그 안에 뿌리를 박으며 세움을 받아 교훈을 받은 대로 믿음에 굳게 서서 감사함을 넘치게 하라 (골로새서 2장 6~7절)

생명의 주님!
죄로 말미암아 죽을 수밖에 없는 이 죄인을 주님의 자녀로 택하여 주셔서 영원한 생명을 누리게 하시니 감사합니다. 부르심에 합당한 열매를 맺으며 살아야 하는데 덜 여문 믿음으로 살았던 이 죄인을 용서하여 주옵소서.

주님!
주님의 자녀로 항상 감사를 잃지 않는 삶이되기 원하여 기도합니다. 감사보다 불평할 일들이 솟구치는 때이지만 "범사에 감사하라 이것이 그리스도 예수 안에서 너희를 향하신 하나님의 뜻이니라"(살전5:18)는 주님의 말씀을 기억하며, 언제나 감사함으로 주님을 기쁘시게 할 수 있는 삶이 되게 하옵소서.

악인의 특징은 "하나님을 알되 하나님으로 영화롭게도 아니하며 감사치도 아니한다"(롬1:21)고 하였는데, 제게는 그런 교만함과 악함이 없게 하여주시고, 언제나 주님께서 베푸신 은혜와 복을 곱씹으며 힘 있는 감사의 고백을 드릴 수 있는 삶이 되게 하옵소서.

감사할 수 없는 조건과 형편 속에서도 넘어지거나 실족하지 아니하고, 끝까지 주님의 이끄심과 인도하심을 바라보며 감사의 고백을 드릴 수 있는 삶이 되게 하옵소서.

주님!

입술로만의 감사가 아니라, 드림으로 표현되는 감사의 삶이 있기를 원합니다. 시간을 드려 주님을 향한 감사를 표현할 수 있게 하시고, 몸을 드려 주님을 향한 감사를 표현할 수 있게 하옵소서.

물질로도 주님을 향한 감사를 표현할 수 있게 하시고, 봉사와 섬김으로도 주님을 향한 감사를 표현할 수 있는 삶이 되게 하옵소서.

제 작은 삶을 통하여 주님께 드릴 감사의 고백과, 감사의 열매가 가득 넘치기를 소망하오며, 예수 그리스도의 이름으로 기도합니다. 아멘

★ 기도체크

Guide for a prayer
감사는 축복의 원료요, 감사는 믿음의 온도계요, 감사는 복을 부르는 호출신호입니다.

자녀에게 본이 되게 하소서

Power of word
또 아비들아 너희 자녀를 노엽게 하지 말고 오직 주의 교훈과 훈계로 양육하라 (빌립보서 6장 4절)

사랑의 주님!
저희 가정에 기업을 이을 수 있는 귀한 생명을 선물로 주심을 감사합니다.
저희로 하여금 하늘의 기업을 잇게 하신 주님의 크신 은혜를 생각하며 자녀를 잘 양육할 수 있는 부모가 되게 하옵소서.

주님!
자녀들은 부모의 뒷모습을 보고 배운다는 말이 있습니다. 자녀들에게 신앙의 본을 잘 보일 수 있는 부모가 되게 하옵소서. 성수주일을 잘함으로 주일은 주님의 날이라는 것을 자녀에게 심어줄 수 있는 부모가 되게 하시고, 예배의 모범을 잘 보임으로 하나님께 예배하는 것이 얼마나 소중한 것인지를 자녀에게 깨닫게 할 수 있는 부모가 되게 하옵소서.
주님의 말씀에 순종하는 모범도 잘 보일 수 있게 하셔서 자녀에게 주님의 말씀을 의지하는 법을 가르쳐 줄 수 있는 부모가 되게 하옵소서.
기도의 모범도 잘 보일 수 있게 하셔서 자녀가 어려움을 만났을 때, 오직 주님만을 의지하게 할 수 있는 부모가 되게 하옵소서. 주님의 몸 된 교회를 위한 봉사의 모범도 잘 보일 수 있게 하셔서 자녀들이 부모의 뒷모습을 보고 교회를 사랑하는 법을 익힐 수 있게 하옵소서.

주님!
좋지 못한 환경은 자녀들에게 부정적인 영향을 심어줄 수밖에 없다는 것을 기억합니다. 아무리 어렵고 힘든 환경이라 할지라도 긍정적이고 좋은 영향력을 심어 줄 수 있는 부모가 되게 하여 주옵소서.

주님!
자녀는 주님나라의 미래요 희망인 것을 깨닫습니다. 믿음의 부모에게 주어진 사명을 잘 감당할 수 있게 하옵소서.
예수 그리스도의 이름으로 기도합니다. 아멘

Guide for a prayer
지금 자녀의 신앙이 어떻습니까? 그것이 당신을 닮아가고 있는 모습임을 잊지 마십시오.

별세를 준비하는 신앙이 되게 하소서

Power of word
우리가 잠시 받는 환난의 경한 것이 지극히 크고 영원한 영광의 중한 것을 우리에게 이루게 함이니 우리가 주목하는 것은 보이는 것이 아니요 보이지 않는 것이니 보이는 것은 잠깐이요 보이지 않는 것은 영원함이라(고린도후서 4장 17~18절)

비교할 것 없이 좋으신 우리 주님!
많고 많은 사람들 중에 특별히 이 죄인을 택하여 주셔서 주님의 자녀를 삼으심을 감사합니다.
주님이 저를 택하신 이유가 있음을 항상 깨닫게 하셔서, 마음을 다하여 주님을 찬양하고, 경배하며, 영광 돌릴 수 있는 삶이 되게 하옵소서.

주님!
사람이 이 땅에서 천년만년 살 것 같지만 그 기간이 매우 짧다는 것을 알고 있습니다. 길어야 백년도 못사는 것이 사람의 인생임을 깨닫습니다.
그러므로 이 땅의 것이 전부인 것처럼 살지 말게 하시고, 별세를 준비하는 신앙생활을 할 수 있게 하옵소서.
주님이 언제라도 부르시면 그 부르심에 끌려갈 수밖에 없는 인생임을 깨닫고 있습니다.
주님이 수명을 정하시고 때가 되면 부르실 것을 생각하며, 불현듯이 부름을 받아도 주님을 영접할 수 있는 준비된 인생을 살 수 있게 하옵소서.

살아 있으나 실상은 영적으로 죽어 있는 사람이 허다한 것처럼, 갈수록 저의 육신의 장막이 낡아져도, 영적으로는 독수리가 날개 치듯 힘차게 솟아오르는 믿음이 될 수 있게 하옵소서. 빈손으로 왔다가 빈손으로 돌아갈 인생이오니, 재물을 모으는 일에 마음을 쏟지 말게 하시고, 가진 재물을 주님 뜻대로 선용할 수 있는 믿음의 삶을 살게 하옵소서.

그날에 주님 앞에 섰을 때에, 책망대신 면류관을 씌어주시며 반가이 맞아주시는 주님의 환영을 받을 수 있게 하옵소서.
이 땅에 계실 때 잘 죽는 방법을 친히 보여주신 예수 그리스도의 이름으로 기도합니다. 아멘

Guide for a prayer
그리스도인은 잘 사는 것(Well-being)도 중요하겠지만, 잘 죽는 것(Well-Dying)이 더 중요합니다. 왜냐하면 그리스도인의 삶은 죽음으로 끝나는 것이 아니기 때문입니다. 그러므로 잘 죽기 위하여 늘 기도해야만 합니다.

A prayer

for the church and a christian

교회를 어머니처럼 사랑하지 않는 사람은
하나님을 아버지로 부를 자격이 없습니다. _요한 칼빈

내 교회는 내 눈에서 눈물이 흐르지 않는 동안은
결코 부흥되지 않을 것입니다. _스탄필

Part 2
교회와 성도를 위한
직분자 무릎 기도문

교회를 든든히 세워가는
직분자들이 되게 하소서

Power of word
나는 이제 너희를 위하여 받는 괴로움을 기뻐하고 그리스도의 남은 고난을 그의 몸 된 교회를 위하여 내 육체에 채우노라 내가 교회의 일꾼 된 것은 하나님이 너희를 위하여 내게 주신 직분을 따라 하나님의 말씀을 이루려 함이니라(골로새서 1장 24~25절)

은혜의 주님!
저희를 죄에서 구원하여 주신 것만도 말로 다 형언할 수 없는 은혜인데, 주님의 몸 된 교회를 위하여 영광된 직분들을 맡겨주시니 감사합니다.

주님!
주님이 맡겨주신 직분을 따라 주님의 뜻을 이루며, 의의 열매를 맺는 직분자들이 되기를 소망하며 기도합니다.
주님의 몸 된 교회를 든든히 세우기 위하여 믿음의 분량대로 맡겨주신 직분이오니, 불평과 원망 없이 감사와 기쁨으로 잘 감당할 수 있는 직분자들이 되게 하옵소서.
항상 넘치는 봉사와 헌신이 주님의 보좌 앞에 드려질 수 있게 하시고, 주님께 드리면 드릴수록, 깨뜨리면 깨뜨릴수록, 그것이 인생 최고의 기쁨과 즐거움이 되게 하옵소서.

또한, 교회의 비전과 목사님의 목회방침에 맞추어 수종자로 잘 받들 수 있는 직분자들이 되게 하옵소서. 교회의 일을 항상 긍정적으로 생각하며 행동하는 직분자들이 되게 하시고, 목사님을 중심으로 하나가 되어서 주님의 교회를 건강하게 세워나갈 수 있는 직분자들이 되게 하옵소서.

주님!
직분자들의 가정과 직장과 사업장마다 물질의 은사를 더하셔서, 물질로 주님의 교회를 섬기고 이웃을 돌아보는데 부족함이 없게 하옵소서.
또한, 교회 안에서만의 제직이 아니라, 교회 밖에서도 주님의 일꾼 된 모습을 잘 보여줄 수 있는 직분자들이 되게 하옵소서. 그리하여 불신자들로 하여금 하나님 앞에 영광을 돌릴 수 있게 하옵소서. 어디서나 주님이 쓰시는 직분자들이 되기를 원하오며, 예수 그리스도의 이름으로 기도합니다. 아멘

Guide for a prayer
성경에 하나님께 쓰임 받은 인물들은 주님이 맡기신 사명을 놓고 항상 깊이 있는 기도의 세계를 사랑하던 자였습니다.

교회를 사랑하게 하소서

Power of word
만군의 여호와여 주의 장막이 어찌 그리 사랑스러운지요. 내 영혼이 여호와의 궁정을 사모하여 쇠약함이여 내 마음과 육체가 살아계시는 하나님께 부르짖나이다. 주의 집에 사는 자들은 복이 있나니 그들이 항상 주를 찬송하리이다(시편 84편 1,2,4절)

만복의 근원이신 주님!
허물과 죄로 죽었던 저희들에게 예수 그리스도로 말미암아 영원한 생명을 얻게 하시고, 주 계신 곳 성전을 가까이 할 수 있는 은혜를 주시니 감사합니다. 이 땅을 살아가는 동안 주님의 전을 가까이하며 주님을 사랑하는 흔적을 남길 수 있는 삶이 되게 하옵소서.

주님!
안타깝게도 많은 신앙인들이 주님의 전을 멀리하고 있습니다. 정해진 시간에 주님을 만나는 예배의 자리도 외면 받고 있는 것을 봅니다. 저도 그 중에 한사람일 수 있다는 것을 생각하며 부끄러운 마음을 주님께 고백합니다.

주님!
주님의 교회를 어머니처럼 사랑하지 않는 자는 하나님을 아버지로 부를 자격이 없다는 말이 저의 마음에 큰 울림이 됩니다. 항상 저에게 주님의 전을 그리워하며 사랑하는 마음이 사무치게 하옵소서. '주의 궁정에서의 한 날이 다른 곳에서의 천 날보다 낫다.' (시84:10)는 시편 기자의 고백이 저의 고백이 되게 하시고, 하나님을 그토록 사랑하여 성전을 건축하기를 원했던 다윗의 간절함이 제 마음에도 사무치게 하옵소서.
또한, 사랑함으로 주님이 몸으로 세우신 교회를 위하여 더욱 기도할 수 있게 하시고, 차갑게 식어진 예배의 자리마다 주님의 능력이 깃드는 자리로 데울 수 있는 믿음이 되게 하옵소서.

주님을 따르는 많은 자들도 성전을 사랑하다가 주님의 십자가의 큰 사랑을 경험하게 하시고, 그 사랑을 앞세워 병들고 썩어가는 세상을 치유해 갈 수 있는 은혜를 누리게 하옵소서.
교회를 사랑함이 주님을 사랑하는 증거가 되는 삶이되기를 원하오며, 예수 그리스도의 이름으로 기도합니다. 아멘

Guide for a prayer
참된 응답은 나의 소원 나의 간구가 아니라, 하나님의 뜻이 내 안에서 이루어지는 것입니다.

교회에 부흥이 오게 하소서

Power of word
하나님을 찬미하며 또 온 백성에게 칭송을 받으니 주께서 구원받는 사람을 날마다 더하게 하시니라(사도행전 2장 47절)

은혜의 주님!
저를 하나님의 백성으로 삼으셔서 주님의 몸 된 교회를 섬길 수 있게 하심을 감사합니다. 또한 주님의 몸 된 교회의 부흥을 위하여 기도할 수 있게 하시니 감사합니다.

요즈음 성도의 숫자가 점점 줄어들고 있고, 문을 닫는 교회도 점차 많아지고 있다는 소문을 자주 듣습니다. 실제로 저희교회 뿐만 아니라 주변의 교회들이 점점 더 침체되어 가고 있다는 것이 피부로 느껴집니다.

주님!
이 모든 것이 교회의 지체를 이루고 있는 저희가 몸을 깨뜨려 충성하고자 하는 열심이 식어졌기 때문임을 깨닫습니다.
입술로는 "부름 받아 나선 이 몸 어디든지 가오리다" 찬송하면서도, 마음으로는 아무것도 하지 않으려했고, 행동으로는 어디든지 가지 않으려했기에 결국 주님의 심판을 받는 것임을 솔직히 고백합니다.

주님!

위선과 태만으로 얼룩져 있는 제 자신을 고백하며 회개하오니 용서하여주옵소서. 지금부터라도 저를 비롯하여, 교회를 출입하는 모든 성도들이 영적인 부담을 갖게 하셔서 주님을 향한 처음사랑을 회복할 수 있게 하시고, 뜨거운 열정을 품고 주님을 섬길 수 있게 하옵소서.

그리하여 식어진 심령에 다시금 부흥의 불을 지펴서 교회부흥을 위해서도 밀알처럼 쓰임 받는 희생제물이 되게 하옵소서.

주님이 보여주셨던 기도의 흔적을 따라, 교회와 영혼을 위하여 마음을 쏟으며 울며 기도할 수 있게 하시고, 주님의 사랑을 앞세워 어떤 환경 속에서도 복음을 부끄러워하지 않고 전할 수 있는 제자들이 되게 하옵소서. 더 깊은 밤이 오기 전에 이 땅의 주의 백성들이 잠자는 신앙을 깨우게 하옵소서. 예수 그리스도의 이름으로 기도합니다. 아멘

Guide for a prayer
교회의 부흥은 성도들의 무릎에서 시작하고, 교회의 성장은 성도들의 발끝에서 시작합니다.

본질이 분명한 교회가 되게 하소서

Power of word
그러나 너를 책망할 것이 있나니 너의 처음 사랑을 버렸느니라 그러므로 어디서 떨어졌는지를 생각하고 회개하여 처음행위를 가지라 만일 그리하지 아니하고 회개하지 아니하면 내가 네게 가서 네 촛대를 그 자리에서 옮기리라(계시록 2장 4~5절)

사랑이 풍성하신 주님!
주님이 택하신 사랑하는 백성들이 교회를 통하여 주님을 경배하고, 주님을 앙망하며 살아갈 수 있게 하시니 감사합니다.
주님이 다시 오시는 그날까지 주님의 영광을 나타내는 교회가 되게 하옵소서.
하지만, 시간이 흐를수록 주님의 몸 된 교회가 교회로서의 본질이 흐려지고 있다는 것을 깨닫습니다. 하나님이 영광을 받으시기보다는 사람이 영광을 받는 교회로, 하나님을 기쁘시게 하는 교회가 되기보다는 사람을 기쁘게 하는 교회로 점점 더 변질되어 가고 있음을 피부로 느낍니다.

주님!
이 땅의 교회를 긍휼히 보시옵소서. 사람을 의식하는 교회가 아니라 하나님을 의식하는 교회가 되게 하시고, 사람이 높임을 받는 교회가 아니라 하나님이 높임을 받는 교회가 되게 하옵소서.

또한, 사람의 비유를 맞추는 교회가 아니라 하나님의 비유를 맞추는 교회가 되게 하시고, 사람을 의지하는 교회가 아니라 하나님을 의지하는 교회가 되게 하옵소서.

또한, 교회가 바라보는 것이 사람이 아니라 하나님이 되게 하시며, 교회가 자랑하는 것이 사람이 아니라 하나님이 되게 하옵소서.

주님!

이 땅의 모든 교회들이 구하고 찾는 것이 오직 하나님의 영광이 되게 하시고, 교회를 통하여 바라고 소망하는 것이 오직 주님의 뜻이 되게 하옵소서.

교회마다 사람이 중심이 아니라 하나님이 중심이 되는 교회가 되기를 소망하오며, 예수 그리스도의 이름으로 기도합니다.
아멘

Guide for a prayer
우리는 주님이 기뻐하시는 교회를 세워가기 위하여 끊임없이 자신을 살피며 기도할 수 있어야 합니다.

건강한 예배가 있는 교회가 되게 하소서

Power of word

아버지께 참으로 예배하는 자들은 영과 진리로 예배할 때가 오나니 곧 이때라 아버지께서는 자기에게 이렇게 예배하는 자를 찾으시느니라. 하나님은 영이시니 예배하는 자가 영과 진리로 예배할지니라(요한복음 4장 23~24절)

예배하는 자를 찾고 계시는 하나님!
죄 많고 허물 많은 저희에게 거룩하신 하나님을 예배하는 특권을 주시니 감사합니다. 이 땅을 살아가는 동안 항상 하나님이 기쁘게 받으시는 예배를 드리므로 당신의 임재하심을 경험하는 은총이 있게 하옵소서.
하지만, 오늘의 예배를 보면 너무 형식화되어 가고 있다는 것을 깨닫습니다. 주일날이나 겨우 교회를 찾는 예배생활이, 예배의 전부인 것처럼 정착되어가고 있음을 봅니다.
사모함, 애절함, 간절함, 진지함, 뜨거움 같은 감정들도 이미 옛 추억이 되어버렸습니다.

주님!
예배의 정성, 예배의 정신을 잃어가고 있는 교회를 불쌍히 여기시옵소서. 주님이 안 계신 교회, 주님이 받지 않으시는 예배가 반복되지 않도록 긍휼을 베푸시옵소서.

예배 때마다 하나님의 임재하심을 느끼며, 은혜로 풍성했던 그 감격의 자리가 회복될 수 있도록 도와주시옵소서.
말씀을 사모하는 예배가 되게 하시고, 뜨거운 기도가 있는 예배가 되게 하시며, 성령의 교통하심을 강하게 느끼는 예배가 되게 하여 주옵소서.
또한, 예배를 사랑하고 주님의 은혜를 사모하는 자들을 통하여 은혜의 소낙비가 쏟아지게 하시고, 사단에게 매인 자들이 주님의 보혈의 능력으로 풀림을 받는 역사가 나타나게 하옵소서.

주님!
모든 교우가 처음사랑을 회복하여 예배의 능력을 경험하는 교회를 세우기를 원합니다. 병들어 가는 세상을 치유하는 교회가 되기를 원합니다. 긍휼을 베푸시옵소서.
예수 그리스도의 이름으로 기도합니다. 아멘

Guide for a prayer
우리가 기도할 때 응답을 가져오는 것은 기도할 때의 실제적인 말이 아니라 마음 상태입니다.

일꾼이 세워지는 교회가 되게 하소서

Power of word
이에 제자들에게 이르시되 추수할 것은 많되 일꾼이 적으니 그러므로 추수하는 주인에게 청하여 추수할 일꾼들을 보내주소서 하라(마태복음 9장 35~38절)

은혜가 풍성하신 주님!
주님의 사랑을 입은 자들이 주님의 몸 된 교회를 세워갈 수 있는 영광도 누리게 하시니 감사합니다.
주님이 기뻐 받으시는 공동체를 세우기 위하여 마음을 쏟고 있는 자들에게 성령의 위로하심이 있게 하옵소서.

주님!
주의 신실한 일꾼들이 더 많이 세워지는 교회가 되기를 소망하며 기도합니다.
주님의 몸 된 교회에 주님을 위한 일이라면 무엇이든 가리지 않고 봉사할 수 있는 일꾼들이 더 많이 세워지게 하시고, 주님을 본받는 일이라면 받을 오해도 개의치 않고 기쁘게 섬길 수 있는 일꾼들이 더 많이 세워지게 하옵소서.

주님의 뜻을 나타내는 일이라면 가장 소중한 것을 잃을지라도 죽도록 충성하는 일꾼들이 더 많이 세워지게 하시고, 주님을 따라가는 것이라면 자신의 모든 것을 희생할지라도 끝까지 순종할 수 있는 일꾼들이 더 많이 세워지게 하옵소서.

주님!
주님의 몸 된 교회에 더 많은 일꾼들이 세워짐으로 수많은 영혼을 주님께로 인도할 수 있게 하시고, 사랑을 잃은 자들의 마음을 품어주며, 상처받은 영혼을 치유할 수 있는 주님의 공동체를 세워갈 수 있게 하옵소서.

이 땅위에 주님의 나라가 온전히 이루어지는 역사가 나타나며, 성령의 능력으로 모든 썩어가는 것을 새롭게 할 수 있는 교회가 되기를 원합니다.
주님의 은혜를 받은 더 많은 백성들이 주님의 음성을 듣고 그 부르심에 응할 수 있게 하옵소서.
예수 그리스도의 이름으로 기도합니다. 아멘

Guide for a prayer
기도는 단순히 사람의 호소라기보다, 성령의 감동으로 우리 마음에 역사하시는 하나님의 뜻에 복종하는 것입니다.

드림이 있는 교회가 되게 하소서

Power of word
그리스도께서 하나님 곧 우리 아버지의 뜻을 따라 이 악한 세대에서 우리를 건지시려고 우리 죄를 대속하기 위하여 자기 몸을 주셨으니 영광이 그에게 세세토록 있을지어다 아멘(갈라디아서 1장 4~5절)

십자가에서 자신을 드려 저희에게 새 생명을 주신 주님! 또한, 저희가 구하고 생각할 수 있는 이상의 것을 주시는 주님!
크신 사랑과 은혜를 감사합니다. 이제 저희도 주님이 세우신 교회를 위하여 드림이 있는 삶을 살아가게 하옵소서.

저희를 위하여 십자가에서 목숨까지도 드리신 주님을 생각하면, 저희가 모든 것을 다 드린다 할지라도 어떻게 그 사랑을 따라갈 수 있겠습니까? 하오나, 조금이라도 더 주님을 닮기 위하여 어떠한 형편에 있든지 드림의 삶을 실천해 나갈 수 있는 저희의 믿음이 되게 하옵소서.
주님이 그러셨듯이, 드리면 드릴수록 더 드리고 싶은 마음만 앞서게 하시고, 드리고 또 드려도 항상 만족함을 모르는 아쉬움만 남아 있게 하옵소서.

주님!
저희의 드림이 있는 삶을 통하여 복음이 곳곳마다 전파되며

많은 사람이 주께로 돌아오는 생명의 역사가 나타나기를 원합니다.
많은 영혼들이 주님을 사랑하고 교회를 든든히 세워나가며, 자신을 하나님 앞에 드리기를 기뻐하는 자들이 넘쳐나기를 원합니다.

또한, 그동안 교회를 멀리했던 자들도 다시금 교회를 가까이하며 주님을 찾게 되는 역사가 있게 하시고, 교회를 비웃으며 비판했던 자들도 다시금 교회를 사랑하며 주님의 은혜를 사모하게 되는 역사가 있게 하옵소서.
저희가 아무리 어렵고 힘들어도 드림의 자리를 피하는 일이 없게 하시고, 드림의 욕구를 충족시켜 나아감으로 주님이 받으실 영광이 있게 하옵소서.
저희를 대속하시기 위하여 자기 몸을 드리신 예수 그리스도의 이름으로 기도합니다. 아멘

Guide for a prayer
우리의 기도는 때때로 믿음을 토하는 출구이기보다 불신과 절망을 표출하는 출구일 수가 있습니다.

부요케 하는 교회가 되게 하소서

Power of word
우리 주 예수 그리스도의 은혜를 너희가 알거니와 부요하신 이로서 너희를 위하여 가난하게 되심은 그의 가난함으로 말미암아 너희를 부요하게 하려 하심이라(고린도후서 8장 9절)

저희를 부요케 하신 주님!
주님이 저희를 위하여 가난하게 되셨기에, 저희가 부요함을 누리게 되었음을 생각하며 감사와 영광을 돌립니다.
저희도 주님을 본받아 주님이 이 땅에 남기신 교회를 부요케 하는 교회로 세워갈 수 있게 하옵소서.

주님!
저희들에게, 주님께 헌신하고 충성하는 일에 부요함이 넘치게 하시고, 주님의 몸 된 교회를 위하여 봉사하는 일에도 부요함이 넘치게 하옵소서.
주님을 대면하는 기도의 자리도 항상 부요케 할 수 있게 하시고, 영혼을 구원하는 전도의 현장도 항상 부요케 할 수 있는 저희들이 되게 하옵소서.

주님!
주님의 몸 된 교회의 부서와 기관들도 저희들로 하여금 날마다 부요케 되는 역사가 일어나게 하옵소서.
또한, 어려운 이웃을 구제하는 것과 힘든 교우를 돌아보는 일에도 부요함이 넘치게 하시고, 마음 아파 괴로워하는 이들에게도 아픔을 함께 나눌 수 있는 부요함이 넘치게 하옵소서.

질병으로 고통 받는 자들에게는 소망을 심어줄 수 있는 부요함이 넘치게 하시고, 낙심한 자들에게는 용기를 심어줄 수 있는 부요함이 넘치게 하옵소서.
그리하여 저희로 말미암아 주님의 몸 된 교회가 날마다 부요케 하는 교회로 든든히 서가기를 원합니다. 세상을 부요케 하는 교회로 소문나기를 원합니다. 저희가 이 땅을 살아가는 동안 부요케 하는 교회를 세우는데 목숨을 걸게 하옵소서.
'부요케 하는 도구'가 되는 것이, 주님 앞에 드리는 강렬한 기도제목이 되기를 원하오며, 예수 그리스도의 이름으로 기도합니다. 아멘

Guide for a prayer
주님의 겟세마네 기도가 우리를 향한 사랑으로 완성되었듯이, 우리의 기도는 이웃을 부요케 하는 사랑으로 완성됩니다.

교회의 정체성이 회복되게 하소서

Power of word

내가 마게도냐로 갈 때에 너를 권하여 에베소에 머물라 한 것은 어떤 사람들을 명하여 다른 교훈을 가르치지 말며 신화와 끝없는 족보에 몰두하지 말게 하려 함이라 이런 것은 믿음 안에 있는 하나님의 경륜을 이룸보다 도리어 변론을 내는 것이라.(디모데전서 1장 3~4절)

교회의 머리가 되시는 주님!
주님의 몸 된 교회를 통하여 주님과 한 몸을 이루는 삶을 살아갈 수 있게 하시니 감사합니다. 언제나 그 몸의 지체임을 기억하여 교회를 사랑하고 섬기며 피차 복종하기에 힘쓰게 하옵소서.

주님!
갈수록 교회로서의 정체성이 흐려지고 있음을 깨닫습니다. 부흥과 성장이라는 미명하에 주님의 몸 된 교회가 세상문화와 타협하고 혼합을 이루고 있는 것을 볼 때, 주님의 피로 사신 교회를 사탄에게 내어주는 것 같아 너무 두렵고 안타까운 마음을 감출 수 없습니다.

지금도 사탄은 주님의 몸 된 교회를 영적으로 약화시키고, 교회 안에 자기의 왕국을 우뚝 세우려는 계략을 꾸미고 있다는 것을 기억하여, 사탄의 덫에 걸려 넘어지는 교회가 되지 않기 위하여 정체성을 바로 세워 나가는 주의 백성들이 되게 하옵소서.

주님!
교회의 생명은 주님의 말씀에 있음을 깨닫습니다. 말씀위에 든든히 세워지는 교회가 될 수 있도록 지체 된 백성들이 최선을 다할 수 있게 하옵소서.
문화를 핑계 삼아 접근해오는 사탄의 계략으로부터 주님의 교회를 든든히 키길 수 있는 영적인 파수꾼이 되게 하옵소서.
교회는 세상의 그 어떤 것으로도 조화를 이룰 수 없음을 보여주며, 교회 안에 세상문화가 스며드는 것을 철저히 배격하고 막아낼 수 있는 그리스도의 좋은 군사가 되게 하옵소서.
구원의 빛, 진리의 빛만을 강하게 비출 수 있는 교회가 되기를 소망하오며, 예수 그리스도의 이름으로 기도합니다. 아멘

✱ 기도체크

Guide for a prayer
사탄이 우리의 영혼을 노리고 있기 때문에 우리의 영혼을 십자가 앞에 두기 위하여 기도로 끊임없이 제련시켜야 합니다.

깨어있는 교회가 되게 하소서

Power of word
예수께서 힘쓰고 애써 더욱 간절히 기도하시니 땀이 땅에 떨어지는 핏방울 같이 되더라 기도 후에 일어나 제자들에게 가서 슬픔으로 인하여 잠든 것을 보시고 이르시되 어찌하여 자느냐 시험에 들지 않게 일어나 기도하라 하시니라(누가복음 22장 44~46절)

기도의 생애를 사셨던 주님!
"내 집은 만민이 기도하는 집이라 칭함을 받으리라"(막11:17)고 말씀하시며 스스로 기도의 본을 보이셨던 주님을 기억합니다.
오늘의 교회가 잘 꾸며져 있고 화려한 곳은 많아도, 기도의 음성이 들리지 않는 것이 안타까움으로 자리 잡고 있습니다.
어깻죽지 짓눌린 삶을 살면서도 밤낮을 가리지 않고 교회를 찾아 엎드렸던 선조들의 기도의 자리가, 지금은 프로그램을 통해서나 겨우 명맥을 유지하는 것으로 퇴색되고 말았습니다.

주님!
성전을 강도의 소굴로 만든 대제사장들과 서기관들의 뒷모습을 닮아가고 있는 지금의 교회를 보시며, 하늘보좌 우편에서 탄식의 기도를 하고 계실 주님을 생각할 때 너무나 부끄럽습니다.

주여!

교회마다 식어진 기도의 자리를 회복할 수 있게 하옵소서. 밤낮을 가리지 않고 부르짖을 수 있는 교회로 다시금 깨어날 수 있게 하옵소서.

교회마다 부르짖는 기도소리가 주님의 보좌를 움직일 수 있게 하시고, 기도를 통하여 주님의 능력이 깃드는 것을 경험하는 교회들이 되게 하옵소서.

교회마다 부흥과 성장의 동력을 잃은 것도 기도가 식어졌기 때문인 줄 믿습니다. 방법을 통해서만 답을 찾으려고 골몰할 것이 아니라, 깨어 기도함으로 무릎을 통해서 영혼을 사랑하는 마음부터 회복할 수 있는 교회들이 되게 하옵소서.

교회마다 더 깊은 기도의 자리를 사모하는 자들이 넘쳐나기를 소원합니다. 기도로 무너진 단을 수축하고 시대를 살리는 교회로 회복할 수 있게 하옵소서.

예수 그리스도의 이름으로 기도합니다. 아멘

Guide for a prayer
기도가 식어 있는 교회는 교회로서의 존재가치를 상실한 것이나 다름없습니다.

전도하는 교회가 되게 하소서

Power of word

이르시되 우리가 다른 가까운 마을들로 가자 거기서도 전도하리니 내가 이를 위하여 왔노라 하시고 이에 온 갈릴리에 다니시며 그들의 여러 회당에서 전도하시고 또 귀신들을 내쫓으시더라 (마가복음 1장 38~39절)

영혼을 구원하는 전도의 생애를 사셨던 주님!
저희를 택하여주시고 영혼을 구원할 수 있는 전도자로 부르심을 감사합니다. 주님의 간절한 소원은 교회를 통하여 구원받는 숫자가 날마다 더해지는 것임을 믿습니다.
하지만, 안타깝게도 오늘의 교회는 구원받은 숫자가 점점 더 줄어들고 있음을 봅니다. 이 모든 것이 아무것도 하지 않으려 하고, 아무데도 가지 않으려고 하는 저희의 식어진 믿음 때문인 것을 깨닫습니다. 용서하여 주옵소서.

주님!
"전도할 문을 우리에게 열어주사 그리스도의 비밀을 말하게 하시기를 구하라"(골4:3)고 하셨는데, 지금부터라도 저희에게 영적인 부담감을 주셔서 전도할 영혼을 붙여달라고 기도할 수 있게 하옵소서.

"때를 얻든지 못 얻든지 항상 힘쓰라"(딤후4:2)고 하였사오니 어디든 가리지 않고 나가서 복음을 담대히 전할 수 있게 하옵소서. 무늬만 주님의 제자로 사는 것이 아니라, 영혼을 사랑하셨던 주님을 닮아가는 제자로 주님의 교회를 섬길 수 있게 하옵소서.

지금도 저희가 뜨거운 열정을 가지고 전도에 집중하는 주님의 제자로 산다면 많은 영혼이 교회를 통하여 주님께로 돌아오는 역사가 나타나게 될 줄을 믿습니다.
곳곳마다 천국의 지경이 확장되고 교회가 든든히 세워지는 축복이 임하게 될 줄로 믿습니다.
마음을 쏟아 더 열심히 기도할 수 있게 하시고, 영혼을 쏟아 더 열심히 전도할 수 있게 하옵소서. 그리하여 초대교회의 성령 충만한 교회를 회복할 수 있게 하시고, 더욱 강력한 성령의 기름 부으심을 경험하는 교회로 세워갈 수 있게 하옵소서.
예수 그리스도의 이름으로 기도합니다. 아멘

Guide for a prayer
전도는 말로 하는 것이 아니라 무릎으로 하는 것입니다. 기도가 뒷받침 되지 않는 전도는 길가에 뿌려진 씨앗과 같습니다.

선교하는 교회가 되게 하소서

Power of word
오직 성령이 너희에게 임하시면 너희가 권능을 받고 예루살렘과 온 유대와 사마리아와 땅 끝까지 이르러 내 증인이 되리라 하시니라(사도행전 1장 8절)

구원의 주님!
사망 길에 빠진 저희를 건져내셔서 생명의 자리로 옮겨 주시고, 하늘 영광을 바라보며 기쁜 마음으로 살아갈 수 있게 하심을 감사합니다.

주님!
땅 끝까지 복음을 전하라는 것이 주님이 교회에 주신 명령이기에 주님 오시는 그날까지 선교의 사명을 잘 감당할 수 있는 교회가 되기 위하여 기도합니다.
미종족 미전도지역에서 복음을 전하는 선교사들을 기억하옵소서. 단지 그들에게 약간의 선교헌금을 보내는 것으로만 선교에 대한 의무를 다한 것으로 생각지 말게 하시고, 적지와 같은 선교지에서 눈물로 복음의 씨를 뿌리고 있는 선교사들을 위하여 마음을 쏟고 영혼을 쏟는 기도를 쉬지 않는 교회가 되게 하옵소서.

주님!
아직도 교회가 세워진 지역 안에는 죄악의 그늘 속에서 허덕이며 주님을 모른 채 방황하는 영혼들이 많습니다. 그들이 우리의 가까운 선교대상임을 기억하여, 그들에게 주님의 마음을 품고 생명이신 주님을 증거 할 수 있는 교회가 되게 하옵소서.

특히, 이 나라의 낙도 오지에 세워진 연약한 교회들을 기억하옵소서. 몇몇의 성도들을 섬기며, 외로움과 고독함 속에서도 주님의 교회를 묵묵히 세우고 있는 목회자들을 위로하여 주옵소서.
그곳에 주님의 교회가 문을 닫는 일이 없도록 도시의 교회들이 물질과 기도의 후원을 아끼지 않게 하시고, 적극적으로 찾아가 전도에 도움을 주며 힘이 되어 줄 수 있게 하옵소서.
땅 끝에서 주님이 받으시는 열매와 영광이 있는 교회가 되기를 원하오며, 예수 그리스도의 이름으로 기도합니다. 아멘

Guide for a prayer
기도 속에는 선교의 의미가 담겨 있습니다. 왜냐하면 깊은 기도를 경험하게 되면 영혼구원을 향한 하나님의 열심을 만날 수 있기 때문입니다.

이 땅을 고치는 교회가 되게 하소서

Power of word
내 이름으로 일컫는 내 백성이 그들의 악한 길에서 떠나 스스로 낮추고 기도하여 내 얼굴을 찾으면 내가 하늘에서 듣고 그들의 죄를 사하고 그들의 땅을 고칠지라(역대하 7장 14절)

구원의 주님!
저희를 영원히 썩지 않는 생명의 자리로 옮기시고 주님의 나라를 바라보며 살아갈 수 있게 하시니 감사합니다. 예수님의 향기를 풍기며 기쁜 마음으로 살아가는 삶이 되게 하옵소서.

주님!
부정한 입술이지만 긍휼하심을 의지하여 간구하오니 주님의 몸 된 교회가 이 땅을 고치는 교회로 든든히 세워지게 하옵소서.
지금 이 사회는 갈수록 노아의 홍수심판 때와 같이 죄악이 관영해지고 있음을 피부로 느낍니다. 격한 분노에 사로잡힌 자들이 이유 없이 생명을 해치는 일들이 수없이 자행(恣行)되고 있습니다.
점점 더 흑암의 권세로 덮이는 이 땅을 보며 구명선의 역할을 감당해야할 교회가 지금 무엇을 해야만 하는지 주님의 음성을 분명히 들을 수 있게 하옵소서.

주님!
세상 사람들과 똑같이 상식적이고 합리적인 비판의 목소리만 높이는 교회가 아니라, 병들어가는 이 사회를 끌어안고 주님께 가슴 절절한 부르짖음의 강도를 높일 수 있는 교회가 되게 하옵소서.
이 땅을 치료하고 회복시키는 사명을 감당하기 위하여 곳곳마다 찾아가셔서 섬기기를 좋아하셨던 주님의 희생을 본받는 교회가 되게 하옵소서. 그리하여 지독한 병마에 시달리는 이 사회가 교회를 통하여 주님의 이름으로 고침을 받고 새롭게 될 수 있는 역사가 일어나게 하옵소서.

교회가 세인(世人)들로부터 비웃음과 조롱을 당한다 할지라도, 그래도 하나님은 교회를 통하여 이 땅을 기경해나가시고 치료하신다는 것을, 저희로 하여금 잊지 말게 하옵소서.
예수 그리스도의 이름으로 기도합니다. 아멘

✱ 기도체크

Guide for a prayer
이 땅을 치료하고 회복시키는 책임은 정부에 있는 것이 아니라 교회에 있습니다. 교회가 부패할수록 세상은 점점 더 병들어가기 때문입니다.

성령 충만한 교회가 되게 하소서

Power of word
세월을 아끼라 때가 악하니라 그러므로 어리석은 자가 되지 말고 오직 주의 뜻이 무엇인가 이해하라 술 취하지 말라 이는 방탕한 것이니 오직 성령의 충만함을 받으라(에베소서 5장 16~18절)

약속하신 성령을 부어주신 주님!
실망과 좌절로 앞을 보지 못한 제자들이 다락방에 둘러앉았을 때, 드센 바람소리와 혀같이 갈라지는 불꽃으로 다가와 힘과 능력을 부여하셨던 성령의 역사가 있었음을 깨닫습니다.

여전히 함께하시는 주님!
지금도 주님의 몸 된 교회와 성도들이 강한 성령의 능력에 사로잡히게 하옵소서. 그리하여 초대교회가 그랬듯이, 성령 충만하여 성령의 능력을 나타내는 교회로 든든히 세워지게 하옵소서.

주님!
한 번 빛을 받고, 하늘의 은사를 맛보고, 성령에 참여한바 되고, 하나님의 말씀과 내세의 능력을 맛보고도 타락한 자들은 다시 새롭게 하여 회개하게 할 수 없다는 말씀을 기억합니다(히6:4-6).

교회의 구성원들이 성령님을 거스르는 죄를 짓거나, 성령님을 근심케 하는 일들을 하지 않도록 항상 겸손한 마음으로 성령의 충만함을 사모하게 하옵소서.

온 교우들이 성령이 충만한 주님의 일꾼이 되어서 사람을 기쁘게 하는 교회가 아니라, 하나님이 기뻐하시는 교회를 세워갈 수 있게 하시고, 사람이 만족하는 교회가 아니라, 하나님이 흡족해 하시는 교회를 세워갈 수 있게 하옵소서.

특히, 주의 백성들이 미혹의 영에 이끌리기 쉬운 이때에, 거짓된 영들을 잘 분별할 수 있도록 더욱더 성령의 이끌림을 받는 교회로 세워나가게 하옵소서.

또한, 각종 성령의 열매를 풍성히 맺는 교회가 되기 위하여, 더욱 큰 은사를 간절히 사모하는 교회가 되게 하옵소서.

예수 그리스도의 이름으로 기도합니다. 아멘

Guide for a prayer
성령님은 우리의 기도를 도우시고, 예수님은 우리의 기도를 변호하시며, 하나님은 그 기도에 응답을 주십니다.

처음사랑을 회복하는 교회가 되게 하소서

Power of word

근신하라 깨어라 너희 대적 마귀가 우는 사자 같이 두루 다니며 삼킬 자를 찾나니 너희는 믿음을 굳게 하여 그를 대적하라 이는 세상에 있는 너희 형제들도 동일한 고난을 당하는 줄을 앎이라(베드로전서 5장 8~9절)

전능하신 주님!
지금도 변함없이 주님의 교회를 붙들고 계시는 주님의 사랑을 경험합니다. 저희가 그 교회의 지체가 되어 주님의 몸을 이루고 있으니 얼마나 감사한지요. 항상 교회를 사랑하며 주님과 한 몸을 이루는 삶이 되게 하옵소서.

주님!
현대 교회가 이제는 형식만 남아있는 교회로 기울어져가고 있음을 깨닫습니다.
하나님의 임재하심을 경험하는 예배의 감동도 식어지고 있고, 주님의 응답을 체험하는 기도의 기쁨도 식어지고 있습니다. 하면 할수록 즐겁기만 했던 봉사의 보람도 식어지고 있고, 전하면 전할수록 영혼이 구원받는 전도의 감격도 식어지고 있습니다.
또한, 쓸 것은 부족했어도 마음이 담긴 예물을 즐겨드리기를 원했던 물질의 정성도 식어지고 있습니다. "인자가 올 때에 세상에서 믿음을 보겠느냐"(눅18:8)는 주님의 말씀이 현실로 다가오고 있는 것 같습니다.

주님!
아무것도 하지 않으려는 영적인 무감각증에 걸려있는 교회와 주의 백성들을 불쌍히 여기시옵소서. 어서 속히 깨어날 수 있도록 마음의 문, 심령의 문을 두드려 주옵소서.
어디서 식어졌는지를 생각하여 회개하게 하시고 처음사랑을 회복할 수 있게 하옵소서. 주님이 토하여 버리실 수도 있다는 사실을 생각하며 초대교회처럼 생명을 살리고 영혼을 깨우는 교회로 거듭나게 하여 주옵소서.

모든 주의 백성들이 주님이 다시 오시는 그날까지, 기름을 준비한 지혜로운 다섯 처녀처럼 사명을 감당할 수 있게 하옵소서.
예수 그리스도의 이름으로 기도합니다. 아멘

Guide for a prayer
주님에 대한 사랑이 식어졌습니까? 주님을 대면하는 기도의 자리가 식어졌기 때문입니다.

교역자를 붙드소서

Power of word
나는 선한 목자라 선한 목자는 양들을 위하여 목숨을 버리거니와 삯꾼은 목자가 아니요 양도 제 양이 아니라 이리가 오는 것을 보면 양을 버리고 달아나나니 이리가 양을 물어가고 또 헤치느니라(요한복음 10장 11~12절)

선한 목자이신 주님!
주님이 기름 부어 세우신 교역자분들을 통하여 하늘의 진리를 배우며 신앙의 양육을 잘 받을 수 있게 하시니 감사합니다.

주님!
담임목사님과 교역자분들을 위하여 기도합니다. 언제나 주님의 능력의 오른손으로 붙들어 주옵소서.
주님의 몸 된 교회를 섬기며, 교우들을 돌보고 양육하시는데 지치지 않도록 언제나 새 힘과 능력을 더하시옵소서.
말씀을 준비하실 때에 지혜와 능력을 더하여 주셔서 교우들에게 신령한 꼴을 먹일 수 있게 하시고, 예수님의 구원의 은총과 천국의 능력을 나타내기에 조금도 부족함이 없게 하옵소서.
사역을 감당하는 중에 외롭고 고독할 때에는 우리 주님이 따뜻한 벗이 되어주시고, 힘들고 지칠 때에는 위로와 용기를 더하시옵소서.

교인들이 알아주지 않을지라도 사도바울과 같이 하나님이 받으실 영광만을 바라보며 힘차게 달려가실 수 있게 하옵소서.

주님!
교역자분들의 가정도 큰 은혜로 함께하옵소서. 사모님께도 더욱 큰 능력으로 함께 하셔서 목사님을 내조하시는데 조금도 부족함이 없게 하옵소서.
혹, 괴롭고 아픈 일이 찾아올 때, 고난이 주는 유익을 생각하며 평안과 위로를 얻을 수 있게 하옵소서.
자녀들도 우리 주님이 크신 사랑으로 돌보아주셔서 주님께 보배롭게 쓰임 받는 그릇들이 되게 하옵소서.
교역자분들의 가정에 날마다 생활의 필요를 공급하여 주셔서, 목회하시는데 물질 때문에 고통을 당하는 일이 없게 하옵소서.
예수 그리스도의 이름으로 기도합니다. 아멘

Guide for a prayer
부흥하는 교회의 특징은 성도들이 목회자를 위하여 끊임없이 하늘 문을 두드리고 있다는 것입니다.

열심을 다하게 하소서

Power of word
형제를 사랑하여 서로 우애하고 존경하기를 서로 먼저 하며 부지런하여 게으르지 말고 열심을 품고 주를 섬기라.(로마서 12장 10~11절)

사랑의 주님!
겨우 겨우 나아가는 신앙의 발걸음이라 할지라도 손잡아 주시는 주님이 계시기에 주님을 의지하는 삶을 살게 하시니 감사합니다. 항상 저희 곁에 계셔서 저희와 동행하여 주옵소서.

주님!
모든 교우들이 항상 열심을 품고 주님을 섬길 수 있기를 소망하여 기도합니다. 주님처럼 온유하고 겸손한 모습으로 주어진 일에 최선을 다하는 모습이 모든 교우들에게 넘치게 하옵소서.

주님을 위하여 일하고 싶어도 일할 수 없는 순간이 올 수 있다는 사실을 기억하여 일할 수 있는 기회가 있을 때, 그 기회를 놓치지 않고 열심을 낼 수 있는 교우들이 되게 하옵소서.
모든 교우들이 주님의 몸 된 교회를 섬기는 일에는 언제나 앞장서게 하시고, 서로에게도 주님을 섬기는 마음으로 잘 받들어 섬기는 아름다운 모습이 넘칠 수 있게 하옵소서.

피차 종노릇하는데 마음을 쏟게 하시며, 주님만이 높임을 받을 수 있는 복된 일들을 만들어 갈 수 있는 교우들이 되게 하옵소서.

더 많이 하고 있다고 하여 우쭐대는 일이 없게 하시고, 더 큰 어려움이 있다고 하여 낙심하거나 좌절하지 않는 교우들이 되게 하옵소서.

세상에서는 보잘 것 없어 보이고 불필요한 사람처럼 보일지라도, 주님 앞에서는 없어서는 안 될 꼭 필요한 일꾼으로 쓰임 받는 교우들이 되게 하옵소서.

부족함과 능력의 한계에 부딪힐 때에는 엎드려 기도하게 하시고, 겸손을 위장한 교만이 파고들 때는, 넘어지지 않기 위하여 더욱 성령의 충만을 구할 수 있는 교우들이 되게 하옵소서.

모든 교우가 주님 앞에서 열심을 다하는 신앙의 사람이 되기를 원하오며, 예수 그리스도의 이름으로 기도합니다. 아멘

Guide for a prayer
우리가 아무리 주님을 위하여 열심을 다하는 헌신적인 사람이 된다 할지라도 주님의 십자가의 사랑을 따라갈 수 없습니다.

새가족을 축복하소서

Power of word
오직 사랑 안에서 참된 것을 하여 범사에 그에게까지 자랄지라 그는 머리니 곧 그리스도라 그에게서 온 몸이 각 마디를 통하여 도움을 받음으로 연결되고 결합되어 각 지체의 분량대로 역사하여 그 몸을 자라게 하며 사랑 안에서 스스로 세우느니라(에베소서 4장 15~16절)

구원의 주님!
저희교회에 새가족을 보내주심을 감사합니다. 새가족이 저희 교회를 출석교회로 정하기까지는 여러 가지 이유들이 있었을 것입니다.

그러나 섭리하시는 주님이 그 교우에게 어떤 계기나 기회를 주셔서 저희교회에 등록하게 된 것임을 믿습니다.
이제 먼저 된 저희들과 함께 신앙생활하면서 더욱 풍성한 은혜와 복을 받는 신앙생활이 될 수 있도록 인도하옵소서.
시냇가에 심은 나무가 철을 따라 열매를 맺듯이 믿음의 아름다운 열매들을 풍성히 맺어갈 수 있게 하시고, 주님의 간섭하심을 통하여 형통의 복을 누릴 수 있게 하옵소서.
주님과의 관계가 형통하게 되는 복을 누리며, 사람과의 관계도 형통하게 되는 복을 누릴 수 있게 하옵소서. 또한, 때를 따라 채우시는 물질의 복도 누릴 수 있게 하옵소서.

주님!
그 가정에도 더 크신 은혜를 내려주시기를 원합니다. 언제나 주님만을 섬김으로 주님의 인정과 칭찬이 넘치는 가정이 되게 하옵소서. 자녀들도 붙들어 주셔서 언제나 주님의 사랑을 듬뿍 받을 수 있게 하시옵소서.

주님!
앞으로 교회봉사에도 관심을 갖는 새가족이 되기를 원합니다. 주님을 사랑하는 마음이 주님의 몸 된 교회를 섬기는 마음으로 표현될 수 있게 하시고, 사랑과 진리 안에서 주님이 귀하게 쓰시는 훌륭한 일꾼으로 빚어지게 하옵소서.
저희 교회에 새가족을 보내주심을 다시 한 번 감사드리오며, 영광을 받으실 예수 그리스도의 이름으로 기도합니다. 아멘

Guide for a prayer
우리의 기도에는 현실을 위한 기도보다는 미래를 내다볼 줄 아는 기도가 있어야 합니다.

교우들을 돌보아주소서

Power of word
너희는 이 세대를 본받지 말고 오직 마음을 새롭게 함으로 변화를 받아 하나님의 선하시고 기뻐하시고 온전하신 뜻이 무엇인지 분별하도록 하라(로마서 12장 2절)

교회의 머리가 되시는 주님!
저희들을 항상 영혼이 잘되고 범사가 잘되는 삶으로 이끄심을 감사합니다. 이 땅에서 주님의 자녀로 사는 동안 주님의 몸 된 교회를 잘 섬길 수 있는 삶이 되게 하옵소서.

주님!
주님의 몸 된 교회에 속한 교우를 위하여 기도하기를 원합니다. 세상은 갈수록 악해져만 가고 있고 하나님의 자녀를 유혹하는 사탄의 무리는 갈수록 극성을 부리고 있는 이때에, 모든 교우들이 근신하며 깨어있도록 도와주옵소서.
사탄의 궤계를 능히 대적할 수 있도록 하나님의 전신갑주를 입혀주시고, 강한 유혹과 시험도 말씀의 능력으로 물리칠 수 있도록 성령의 충만을 허락하여 주옵소서.

주님!
교우들의 형편을 돌아보시옵소서. 교우 중에 출산한 가정이 있습니까? 태의 열매는 그의 상급이라고 하였사오니 신앙 안에서 잘 키울 수 있도록 이끌어 주옵소서.
생일을 맞은 교우가 있습니까? 지금까지 지켜주신 하나님을 찬양하며 남은 생애 더욱 주님만을 바라보며 살아갈 수 있도록 인도하옵소서.
이사 온 가정이 있습니까? 낯선 환경이지만 교회를 통하여 잘 적응할 수 있게 하시고, 변함없이 주님의 뜻을 좇아갈 수 있는 가정이 되도록 붙들어 주옵소서.
질병으로 고통 받는 교우가 있습니까? 만병의 의원이신 주님을 의지하게 하시고, 치료하시는 주님의 손길을 체험하게 하옵소서.
가정불화와 신앙이 나태한 교우가 있습니까? 가정의 화목을 위해서 기도하게 하시고, 주님께서 제일 싫어하시는 것이 게으름이란 것을 잊지 말게 하옵소서.
모든 교우들이 주님의 축복가운데 있게 하실 것을 믿사오며, 예수 그리스도의 이름으로 기도합니다. 아멘

Guide for a prayer
하나님께서 우리에게 오셔서 일상적인 삶 속에서 우리에게 복을 주신다고 믿는 것이 바로 기도의 재료입니다.

교회의 기관과 부서를 붙드소서

Power of word
너희는 사도들과 선지자들의 터 위에 세우심을 입은 자라 그리스도 예수께서 친히 모퉁잇돌이 되셨느니라 그의 안에서 건물마다 서로 연결하여 주 안에서 성전이 되어가고(에베소서 2장 20~21절)

영광을 받으시기에 합당하신 주님!
구속 받은 주의 백성들이 교회를 통하여 믿음으로 든든히 세워져가게 하심을 감사합니다. 주님이 오시는 그날까지 그리스도 안에서 함께 지어져가는 은혜를 누리게 하옵소서.

주님!
주님의 몸 된 교회가 더욱 부흥하는 교회가 되기를 간절히 소망하며 각 기관과 부서를 위하여 기도합니다.
먼저, 주일학교를 기억하시옵소서. 어릴 때부터 교회를 가까이 할 수 있는 복을 주시니 감사합니다. 키가 자라듯 믿음도 쑥쑥 자랄 수 있게 하시고, 주님 안에서 복되고 아름다운 꿈을 키워갈 수 있게 하옵소서.

중, 고등부를 위하여 기도합니다. 아직 가치관이 미성숙한 때입니다. 쉽게 넘어질 수 있는 시기입니다. 길과 진리와 생명이신 우리 주님이 학생들의 마음을 붙들어 주셔서, 주의 법도를 익혀가며, 불의에 흔들리지 않고, 하나님께 영광 돌리는 믿음의 사람으로 성장할 수 있게 하옵소서.

대학, 청년부를 위하여 기도합니다. 젊을 때에 창조주 하나님을 기억하며 더욱 헌신할 수 있는 대학, 청년들이 되게 하시고, 모든 일에 성실한 자세를 잃지 아니함으로, 주님이 귀하게 쓰시는 복되고 존귀한 그릇들이 되게 하옵소서.

남, 여 전도(선교)회를 위하여 기도합니다. 주님의 영광을 위하여 선한 청지기의 삶을 살 수 있도록 인도하시고, 주님의 몸 된 교회를 위하여 교우를 섬기고 위로하며, 봉사와 헌신을 드리는 남녀종들이 되게 하옵소서. 또한, 영혼이 구원 되는 믿음의 열매도 풍성히 맺을 수 있게 하옵소서.
예수 그리스도의 이름으로 기도합니다. 아멘

Guide for a prayer
성도의 생활은 항상 기도하는 생활이어야 하며, 우리에게 기도생활보다 더 큰 축복은 없습니다.

주일학교에 부흥을 주소서

Power of word
예수께서 보시고 노하시어 이르시되 어린아이들이 내게 오는 것을 용납하고 금하지 말라 하나님의 나라가 이런 자의 것이니라(마가복음 10장 14절)

어린아이를 사랑하시는 주님!
저희에게 영원한 생명과 하늘나라의 기업을 주심을 감사합니다. 하지만, 만족하지 못하고 여전히 세상 앞에 넘어지는 저희 자신을 봅니다. 못난 모습을 꾸짖어 주시고 용서하여 주옵소서.

주님!
주일학교를 위하여 기도하기를 원합니다. 안타깝게도 교회마다 주일학교가 점점 더 줄어들고 있습니다.
주일학교가 줄어들면서 한국교회가 심각한 위기를 맞은 것이 사실입니다. 주일학교가 없어진 교회가 태반이고, 1년에 3천여 교회가 문을 닫고 있다고 합니다.
교회가 세워질 때마다 주일학교 부서가 가장 먼저 세워짐으로 전도의 문이 열리고, 교회가 성장하게 되는 발판이 되었는데, 주일학교가 침체되니 한국교회도 점점 더 사라지고 있습니다.

주님!

주일학교가 침체되는 것이 저출산의 사회적영향도 있겠지만, 영적인 측면을 놓고 보았을 때 믿음에 대한 열정이 식어진 영향도 있음을 깨닫습니다. 지금부터라도 다시금 믿음에 대한 열정을 회복함으로 무너져가고 있는 한국교회를 위해서 눈물로 기도할 수 있게 하옵소서.

또한, 주님이 촛대를 옮기실 수도 있다는 영적인 부담을 가지고 구령에 대한 열정을 회복할 수 있게 하옵소서.

특별히 주일학교의 부흥이 없으면 한국교회의 미래도 없다는 것을 자각하여, 주일학교의 부흥을 위하여 마음을 쏟고 영혼을 쏟을 수 있는 주의 백성들이 되게 하옵소서.

주일학교에 순백색의 어린 영혼들이 꽃동산을 이루기까지 모든 열정을 쏟아 부을 수 있는 교회가 되기를 원하오며, 예수 그리스도의 이름으로 기도합니다. 아멘

Guide for a prayer
우리는 어린아이가 내게 오는 것을 막지 말라는 주님의 말씀에 귀를 기울여야할 때임을 기억해야 합니다.

성실한 교사가 되게 하소서

Power of word

그가 어떤 사람은 사도로, 어떤 사람은 선지자로, 어떤 사람은 복음 전하는 자로, 어떤 사람은 목사와 교사로 삼으셨으니 이는 성도를 온전하게 하여 봉사의 일을 하게하며 그리스도의 몸을 세우려 하심이라(에베소서 4장 11~12장)

구원이요 빛이신 주님!
저희로 하여금 진리의 말씀을 따라 살아갈 수 있게 하시니 감사합니다.
주님의 몸 된 교회를 위하여 기도하면서 어린 생명들을 주님의 말씀으로 가르치며 양육하는 교사들을 위하여 기도합니다.
교회를 통하여 주님께서 맡겨주신 어린 생명들을 주님을 섬기는 마음으로 성실히 보살피며 양육할 수 있는 교사들이 되게 하옵소서.
어린 생명들에게 단지 성경지식을 가르치고 전수하는 교사이기보다는, 생명의 주님을 사랑하며 성장할 수 있도록 지도할 수 있는 교사들이 되게 하옵소서.
아이들의 이름을 하나하나 불러가며 기도하는 것도 가르치는 것 못지않게 중요하다는 것을 잊지 말게 하셔서, 어떤 아이라도 맡겨진 아이들을 차별 없이 가슴에 품고 기도할 수 있는 교사들이 되게 하옵소서.

주님!
영성이 뒷받침 되지 않으면 사명도 끝까지 감당하기가 어렵다는 것을 깨닫습니다. 교사의 직분을 가볍게 여기거나 태만하지 않기 위하여 언제나 말씀을 가까이 하며 묵상할 수 있게 하시고, 주님과 깊은 교제를 나누기 위하여 기도의 자리를 사랑할 수 있는 교사들이 되게 하옵소서.

교사들의 언어습관과 품행도 기억하옵소서. 어린생명들이 바른 믿음과 인격을 형성하는데, 그들의 언어와 품행이 걸림이 되지 않게 하시고, 좋은 영향을 끼칠 수 있는 교사들이 되게 하옵소서.
특별히, 어렵고 힘든 환경에서도 교사의 직분을 감당하려고 힘쓰는 교사들을 기억하셔서 언제나 성령님의 위로가 있게 하시고, 그들의 수고를 하늘의 크신 복으로 채워주시옵소서.
교사들에게 귀한 사명을 맡기신 예수 그리스도의 이름으로 기도합니다. 아멘

Guide for a prayer
주님은 사명의 길을 걷는 자에게 더 특별한 기도를 원하고 계십니다.

구역(속회)이 확장되게 하소서

Power of word
또 비유를 들어 이르시되 천국은 마치 사람이 자기 밭에 갖다 심은 겨자씨 한 알 같으니 이는 모든 씨보다 작은 것이로되 자란 후에는 풀보다 커서 나무가 되매 공중의 새들이 와서 그 가지에 깃들이느니라(마태복음 13장 31~32절)

은혜의 주님!
슬플 때나 기쁠 때나 쉴 때도 함께하시고, 주님의 선하신 뜻대로 이끌어주심을 감사합니다. 항상 주님 안에 행복과 영원한 가치가 있음을 알고, 그 가치를 좇아갈 수 있는 삶이 되게 하옵소서.

주님!
교회의 혈관과 같은 구역(속회)을 위하여 기도합니다. 구역(속회)을 통하여 교회가 부흥하며, 천국의 지경이 확장되는 은혜가 있게 하옵소서.
구역(속회)을 위하여 세움을 받은 구역(속)장들이 때를 얻든지 못 얻든지 죽도록 충성할 수 있는 일꾼들이 되게 하옵소서.
언제나 구역(속)장으로서 겸손으로 허리를 동이며 신앙의 본을 잘 보일 수 있게 하시고, 구역(속)원들에게 따뜻한 위로와 용기와 소망을 심어주며, 믿음으로 잘 섬길 수 있게 하옵소서.

구역(속회)들마다 모임의 필요성을 깨닫게 하셔서 열심을 다하여 모일 수 있게 하시고, 모임을 가질 때마다 그곳에서 함께 하시는 주님을 경험할 수 있게 하옵소서.
모이면 모일수록 주님을 향한 믿음의 고백으로 뜨거워질 수 있게 하시고, 서로가 주님의 지체로 든든히 세워져 감을 인하여 감사할 수 있게 하옵소서.
순번을 정하여 가정마다 예배를 드릴 때, 가정천국이 이루어지는 복을 받게 하시고, 믿지 않는 식구들에게는 구원의 문이 열리는 역사도 나타나게 하옵소서.

주님!
구역(속회)은 현장 속에 있는 영혼구원의 전진기지오니, 구역(속회)마다 영혼구원의 열매를 풍성히 맺게 하셔서, 주님의 몸 된 교회도 놀랍게 부흥하는 역사가 있게 하여 주옵소서.
예수 그리스도의 이름으로 기도합니다. 아멘

Guide for a prayer
교회부흥을 위하여 기도하기를 원한다면 구역(속회)의 부흥을 위한 기도를 잊어서는 안 됩니다.

은혜를 잊지 않는 가정이 되게 하소서

Power of word
우리 주 하나님이여 영광과 존귀와 권능을 받으시는 것이 합당하오니 주께서 만물을 지으신지라 만물이 주의 뜻대로 있었고 또 지으심을 받았나이다 하더라(계시록 4장 11절)

사랑이 풍성하신 주님!
주님을 믿는 믿음이 행복임을 깨닫습니다. 주님을 기억하는 삶이 더할 나위 없는 즐거움인 것을 깨닫습니다. 언제나 주님 안에서만 행복을 찾아내고 즐거움을 얻을 수 있게 하옵소서.

주님!
주님께서 세워주신 복된 가정들을 위하여 기도합니다. 주님께서 호주가 되시기에 더욱 안전함을 깨닫습니다.
언제나 주님의 사랑을 받는 가정으로 이끌어 주시고, 귀하신 복으로 함께 하여 주옵소서.
간구하옵기는 주님이 택하여 주신 가정마다 주님의 은혜를 항상 잊지 아니하고 기억하는 가정들이 되게 하여 주옵소서.
예배와 기도로 하루를 시작함으로 받은 은혜에 감사하며 주님을 의지하는 마음이 흐트러지지 않는 가정들이 되게 하여 주옵소서.

감당키 어려운 고난이 올지라도 주님의 사랑을 의심치 않게 하시고, 뜻하지 않는 질병이 찾아온다 하여도 질병을 걸머지신 주님을 인하여 흔들림이 없는 가정들이 되게 하옵소서.
가슴을 파고드는 고통 중에 있을지라도, 그 고통의 자리에 주님이 함께 계심을 믿고 감사의 찬송을 잊지 않는 가정들이 되게 하시고, 언제나 가정마다 향하신 주님의 깊으신 뜻을 분별할 줄 아는 지혜가 넘치는 가정들이 되게 하옵소서.

주님!
잘되는 것도 주님의 축복이지만 안 되는 것도 주님의 사랑임을 깨닫게 하셔서, 가정을 천국같이 가꾸어 가시는 주님의 섭리를, 불평과 원망으로 뒤흔드는 일이 없게 하여 주옵소서.
예수 그리스도의 이름으로 기도합니다. 아멘

Guide for a prayer
우리의 가정은 주님의 축복의 장소입니다. 그것을 깨닫고 누리기 위해서는 기도를 잊지 말아야 합니다. 왜냐하면 기도를 통하여 우리는 그분의 음성을 선명하게 들을 수 있기 때문입니다.

고난을 겪고 있는 교우를 기억하소서

Power of word
고난당한 것이 내게 유익이라 이로 말미암아 내가 주의 율례들을 배우게 되었나이다 주의 입의 법이 내게는 천천 금은보다 좋으니이다(시편 119편 71~72절)

고난을 피하지 않으신 주님!
십자가에서 고난 받으신 주님이 계셨기에 저희가 죄에서 놓임을 받아 하늘영광을 바라보는 주님의 백성이 되었음을 믿고 감사합니다.
친히 고난을 당하신 우리 주님이시기에, 고난 중에 있는 교우들을 헤아리실 것을 믿고 기도합니다.

주님!
고난 중에 있는 교우들의 마음을 어루만져주시고 참된 위로를 허락하여 주옵소서.
고난당할 때 더욱 기도할 것을 권면하신 주님을 기억합니다.
지금 그들이 마음을 추스르기조차 힘들지라도, 도우시는 주님의 선하신 손길을 바라보며 기도의 무릎을 꿇을 수 있게 하여 주옵소서.

그리하여 고난을 통한 엎드림이, 더 깊은 기도의 세계를 경험할 수 있는 능력의 통로가 되게 하시고, 이전에 듣지 못했던 주님의 음성을 들을 수 있는 응답의 통로가 되게 하옵소서.

우리 주님은 사랑하는 자에게 불필요한 고난을 허락하시는 분이 아니라, 미처 생각지 못한 유익을 더하시는 분이심을 믿습니다.
고난을 통하여 전에는 깨닫지 못했던 것을 깨닫게 하시며, 전에는 볼 수 없었던 것을 보게 하시며, 전에는 가질 수 없었던 것을 갖게 하시는 주님의 축복을 누릴 수 있게 하옵소서.
고난이 크면 클수록 주님과 더불어 받게 될 영광도 크다는 것을 생각하며 감사가 넘치는 믿음이 되게 하여 주옵소서.
감당치 못할 시험을 허락지 않으시는 주님을 바라보며 끝까지 믿음의 진검승부를 벌일 수 있게 하옵소서.
지친 영혼을 일으켜 주셔서 언제나 새 능력을 더하여 주시는 예수 그리스도의 이름으로 기도합니다. 아멘

Guide for a prayer
성도에게 고난이 왜 유익한가? 이제껏 듣지 못했던 하나님의 음성을 고난을 통하여 들을 수 있기 때문입니다.

사고와 재난을 당한 교우를
긍휼히 여기소서

Power of word
내 형제들아 너희가 여러 가지 시험을 당하거든 온전히 기쁘게 여기라 이는 너희 믿음의 시련이 인내를 만들어 내는 줄 너희가 앎이라(야고보서 1장 2~3절)

참된 위로를 주시는 주님!
인간의 고통과 아픔을 친히 담당하시고 참 평안을 주신 주님의 은혜와 사랑을 감사합니다.
지금도 인간의 고통과 아픔의 현장을 외면치 않으시고 찾아오셔서 위로와 소망을 주시는 주님이심을 믿습니다.

주님!
갑작스런 사고와 재난으로 인하여 감당키 어려운 고통과 슬픔에 잠겨 있는 교우를 위하여 기도합니다. 얼마나 당혹스럽고 얼마나 황당하겠습니까? 어찌해야만 할지 갈피를 잡지 못하고 혼란스러워하고 있는 그 마음을 주님의 강하신 손으로 붙들어 주옵소서.

주님!
이와 같은 상황일 때 저희들도 어떻게 위로해야할지 할 말을 잃습니다. 그러나 합력하여 선을 이루시는 우리주님이심을 믿습니다. 화가 변하여 복이 되게 하시는 우리주님이심을 믿습니다.
지금은 그들이 사방으로 욱여쌈을 당한 것 같고, 답답한 일을 당한 것 같고, 거꾸러뜨림을 당한 것 같지만, 그러나 능력의 주님께서, 그들이 알지 못하고 깨닫지 못했던 깜짝 놀랄 일을 예비하고 계신 줄 믿습니다.

주님!
욥이 하루아침에 감당할 수 없는 엄청난 고통을 당하였지만, 불평과 원망을 앞세우지 않고 끝까지 하나님의 섭리하심을 바라보았듯이, 지금 사고와 재난을 당한 교우에게도 그와 같은 믿음으로 채워주시옵소서.
이 위기의 상황을 흔들리지 않는 믿음을 앞세워 잘 이겨냄으로, 귀로 듣기만 했던 하나님을 직접 눈으로 보며, 삶에 기적을 일으키시는 하나님의 능력을 경험하는 축복의 주인공이 되게 하옵소서.
예수 그리스도의 이름으로 기도합니다. 아멘

Guide for a prayer
하나님이 왜 고통을 주시는가? 하나님께로 나아갈 수 있는 사닥다리를 놓아주시기 위해서입니다.

질병에 시달리는 교우를 치료하소서

Power of word
내 이름을 경외하는 너희에게는 공의로운 해가 떠올라서 치료하는 광선을 비추리니 너희가 나가서 외양간에서 나온 송아지 같이 뛰리라(말라기 4장 2절)

소망이 되시는 주님!
형편과 환경을 보면 절망이지만, 저희를 구원해주신 주님을 바라보면 언제나 소망이 되게 하심을 감사합니다. 주님의 은혜와 사랑이 없이는 살 수 없는 인생임을 고백합니다. 주님을 의지하오니 복 있는 길로 인도하시옵소서.

주님!
질병 가운데 놓여 있는 교우들을 위하여 기도합니다. 아플 때의 그 마음을, 진정으로 헤아려 주실 분은 주님밖에 없음을 믿습니다. 병들어 연약해진 영혼을 불쌍히 여기시고 크신 긍휼을 베풀어 주옵소서.

크고 작은 질병이든 마음이 낙심되고 흔들리기 쉽사오니, 주님의 권능의 손으로 어루만져 주시고 평안의 매는 줄로 굳게 잡아주시옵소서.

주님!
질병 속에 숨겨진 하나님의 뜻과 섭리가 분명히 있음을 깨닫습니다. 질병도 하나님의 영광을 나타내기 위한 도구가 된다면 그것은 불행이 아니라 복이요, 재앙이 아니라 주님이 주신 은혜임을 믿습니다. 그러므로 합력하여 선을 이루시는 주님의 섭리를 의심하는 일이 없게 하시고, 오히려 건강할 때 깨닫지 못했던 주님의 크신 뜻을 깨닫는 은총을 누리게 하옵소서.

주님!
믿음의 기도는 병든 자를 구원하리니 주께서 그를 일으키시리라(약5:15)는 말씀을 의지합니다. 질병으로 신음하는 교우들을 구원하여 주옵소서. 낫게 하시는 권능이 주님께 있사오니, 치료의 광선을 발하여 주셔서 몸속에 있는 병균을 소멸시켜 주옵소서.
다시금 건강한 몸으로 회복하여 기쁜 마음으로 주님을 섬길 수 있도록 은총을 더하여 주옵소서. 예수 그리스도의 이름으로 기도합니다. 아멘

Guide for a prayer
우리가 다른 사람의 아픔을 위하여 기도하는 것만큼 하나님은 우리의 문제에도 관심을 갖고 계십니다.

경제적인 어려움을 겪는 교우를 기억하소서

Power of word
내가 두 가지 일을 주께 구하였사오니 내가 죽기 전에 내게 거절하지 마옵소서. 곧 헛된 것과 거짓말을 내게서 멀리 하옵시며 나를 가난하게도 마옵시고 부하게도 마옵시고 오직 필요한 양식으로 나를 먹이시옵소서(잠언 30장 7~8절)

모든 것을 가지신 주님!
예수 그리스도께서 부요하신 자로서 가난하게 되심은, 저희를 부요하게 하려 하심이라는 말씀을 생각할 때 감사할 수밖에 없음을 깨닫습니다. 저희를 부요한 자리로 이끄신 주님을 생각하며, 많은 사람을 부요하게 할 수 있는 삶이 되게 하옵소서.

주님!
교우들 중에 소득의 양극화로 인하여 어려움을 겪고 있는 이들을 위하여 기도합니다. 소득불균형 속에서도 낙심하지 않고 기도에 더욱 힘쓰며, 주님의 몸 된 교회를 성실하게 섬기고 있는 교우들을 기억하옵소서.

그들을 통하여 주님이 받으시는 영광이, 풍족하게 가진 자들이 주님께 영광 돌리는 것에 조금도 부족함이 없다는 것을 깨닮습니다. 하오나, 그들에게 소득의 불균형이 너무 오래 지속되지 않도록 도우시고 은총을 내려주실 것을 간구합니다.
요셉이 어려운 가운데 있었지만, 하나님을 의지하는 믿음을 귀하게 보셔서 형통의 복을 누리게 하셨듯이, 경제적인 어려움에 놓인 교우들에게도 동일한 은혜로 함께하여 주옵소서.
그리하여 주님을 더 잘 섬기며, 나눠주고, 도와주고, 베풀기를 좋아하며, 주님의 몸 된 교회를 위하여 몸과 물질을 드려 충성하는데 기쁨이 되게 하옵소서.

주님!
혹시, 주님이 물질의 은사를 더하시지 않을지라도 낙망치 말게 하시고, 주님이 자신들을 통하여 받으실 영광이 따로 있음을 생각하며, '그리 아니하실지라도'의 신앙으로 믿음의 승리를 보여주는 삶이 되게 하옵소서.
차별이 전혀 없으신 주님의 사랑을 확신하오며, 예수 그리스도의 이름으로 기도합니다. 아멘

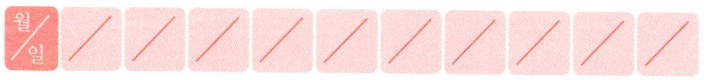

Guide for a prayer
우리는 우리의 원하는 바를 하나님께 구하는 것이 아니라, 우리 주변에서 필요한 것을 하나님께 구할 수 있어야 합니다.

미혹의 영을 경계하게 하소서

Power of word
그때에 사람이 너희에게 말하되 보라 그리스도가 여기 있다 저기 있다 하여도 믿지 말라 거짓 그리스도들과 거짓 선지자들이 일어나 큰 표적과 기사를 보여 할 수만 있으면 택하신 자들도 미혹하리라(마태복음 24장 23~24절)

길과 진리요 생명이신 주님!
예수 그리스도만이 저희가 구원 받는 유일한 길이요 진리요 생명임을 믿습니다. 하나님이 천하 인간에 구원을 얻을만한 다른 이름을 우리에게 주신 일이 없음을 기억하여 항상 예수 그리스도만이 구세주임을 확신하며 살아갈 수 있게 하옵소서.

주님!
때가 악하여 감을 깨닫습니다. 곳곳에서 주님을 가장한 거짓 영들이 끝없이 일어나고 있고, 주의 백성들을 미혹하는 거짓된 무리들이 극성을 부리고 있는 것을 봅니다. 그들의 공격적인 포교활동으로 우리 주님이 피로 값 주고 사신 교회마저도 이단의 공격으로부터 안전하지 못하다는 것을 경험하고 있습니다.

주님!
주님의 은혜를 입은 자들이 이러한 시기를 분별할 줄 아는 영적인 안목이 있게 하시고, 영적으로 무장할 수 있게 하옵소서. 거짓 영들을 막아내고 대적하기 위하여 주님의 진리로 무장하며, 빛의 갑옷을 입기에 마음을 쏟을 수 있게 하옵소서. 성령의 권능과 능력으로 악한 영들의 견고한 진을 파하기 위하여 항상 깨어 기도할 수 있게 하옵소서.

저희가 영적으로 무장하고 있지 않으면 언제라도 그들의 밥이 될 수 있음을 잊지 말게 하셔서, 그들에게 영적인 틈을 보이지 않기 위하여 오직 하나님 중심, 말씀 중심, 교회중심으로 신앙생활을 하기에 힘쓰게 하옵소서.

주님!
이미 이단의 사슬에 메여버린 자들이 있습니다. 만세전부터 택하신 주님의 백성인줄 믿습니다. 그 어두운 영혼에 진리의 빛을 강하게 비추어주셔서, 다시금 온전한 진리 가운데로 인도함을 받을 수 있게 하옵소서.
예수 그리스도의 이름으로 기도합니다. 아멘

✱ 기도체크

Guide for a prayer
한 시간 기도하면 사탄이 우리를 이기고, 세 시간 기도하면 우리가 사탄을 이깁니다.

교회를 멀리하는 교우를 기억하소서

Power of word
내가 네 행위를 아노니 네가 차지도 아니하고 뜨겁지도 아니하도다 네가 차든지 뜨겁든지 하기를 원하노라(계시록 3장 15절)

살아계신 주님!
죄악된 세상을 방황하고 있는 저희에게 구원의 빛을 비추셔서 빛이신 주님을 좇아갈 수 있게 하시니 감사합니다. 일생을 다하도록 곁눈질 하지 않고 흔들림 없이 주님을 좇아갈 수 있는 삶이 되게 하옵소서.

주님!
교회를 멀리하고 있는 교우를 위하여 기도하기를 원합니다. 주일도 잘 지키지 않고, 모임에도 잘 참석하지 않으며, 봉사와 섬김의 자리에서도 함께 하지 않는 교우들이 있습니다.
전화를 하면 받지도 않고, 찾아가도 문을 열어주지 않으며, 어쩌다 보게 되어 사랑으로 권면하면 귀찮다는 듯이, 아예 들어보려고 하지도 않습니다.

주님!
저희들도 주님을 멀리하고 있는 교우를 생각하면 안타깝기만 한데, 주님의 마음은 얼마나 안타까우시겠습니까? 주님을 멀리하고 있는 교우를 불쌍히 여겨주옵소서. 어서 속히 깨닫게 하여 주옵소서.
자신이 머물고 있는 자리가 주님을 멀리하고 있는 자리임을 깨달을 수 있게 하시고, 주님의 마음을 속상하게 하고 더욱 아프게 하는 자리임을 깨닫게 하여 주옵소서.

주님!
그들이 하루 속히 자신들의 죄를 깨닫게 하셔서, 악인의 자리에 서 있었던 것을 회개하며 주님 앞으로 돌아올 수 있게 하여 주옵소서. 그리하여 더 이상 악인의 꾀를 좇지 않고, 죄인의 길에 서지 않으며, 시냇가에 심은 나무가 계절을 따라 열매를 맺듯이, 믿음의 열매들로 주님을 기쁘게 해드리는 복 된 삶을 살아갈 수 있게 하옵소서.
더 이상 사탄에게 미혹당하여 주님의 은혜를 배반하는 삶이 되지 않기를 원하오며, 예수 그리스도의 이름으로 기도합니다. 아멘

Guide for a prayer
믿음이 기도에 힘을 불어넣어 주는 것과 달리, 불신앙은 그 힘을 파괴한다는 것을 기억해야 합니다.

A prayer

for a nation and a neighborhood

기도하는 한사람이 한 민족보다 강합니다. _존 낙스

남을 위해 기도하는 것은 그를 위하여
다른 선을 행하는 것보다 가치가 있습니다.
이것은 무엇보다 기도하는 일이
가장 큰 사랑이라는 의미입니다. _마틴 루터

Part 2
나라와 이웃을 위한
직분자 무릎 기도문

이 민족이 복음화 되게 하소서

Power of word
나의 형제 곧 골육의 친척을 위하여 내 자신이 저주를 받아 그리스도에게서 끊어질지라도 원하는 바로라(로마서 9장 3절)

능력의 주님!
오랜 역사동안 하나님을 알지도, 예배하지도 못했던 이 민족에게 복음을 주시고 번영케 하셔서, 이제 성령의 역사로 말미암아 전 세계 열방을 향해 복음을 증거 하는 민족이 되게 하심을 감사합니다. 주님이 받으실 영광만 나타나는 이 민족이 되게 하옵소서.

주님!
이 민족 복음화를 위하여 기도하기를 원합니다. 아직도 이 땅에는 수많은 사람들이 주님께로 돌아오지 못하고 있습니다. 그들이 구원을 얻기까지 세워진 주님의 교회들마다 힘을 다하여 복음을 전할 수 있게 하옵소서.
교회들마다 성령을 기름 붓듯 부어주셔서 저 죽어가는 생명들을 건져낼 수 있는 구명선이 되게 하시고, 이 민족을 영적으로 지도하는 사명을 다할 수 있게 하옵소서.

주님!

북한 땅에도 함께하여 주옵소서. 그들의 강퍅한 마음들이 복음의 능력으로 녹아지게 하시고, 주님의 구원의 은혜가 있게 하여 주옵소서. 아직도 북한 땅에는 신앙을 굽히지 아니하고 결연한 각오로 신앙을 지키다가 순교하는 주의 백성들이 있습니다.

지하에서, 또는 은밀한 장소에서 애통한 마음으로 부르짖는 주의 백성들이 있습니다. 그들의 순교의 피와 간곡한 부르짖음이 헛되지 않게 하실 것을 믿습니다. 하루빨리 신앙의 자유가 회복되고 교회가 재건될 수 있도록 은총을 내려 주옵소서.

주님!

아직도 낙도나 산간오지에는 복음이 전파되지 않은 곳이 많습니다. 구원의 기쁜 소식을 알릴 수 있는 헌신 된 일꾼들을 그곳으로 보내 주셔서, 한 생명이라도 구원을 받을 수 있는 기회를 얻게 하시고, 주님의 나라가 세워지게 하옵소서.

예수 그리스도의 이름으로 기도합니다. 아멘

Guide for a prayer
우리는 우리의 기도 제목에서 나라를 위한 기도를 항상 빼놓지 말아야 합니다.

이 나라의 경제를 회복시키소서

Power of word
하나님은 우리에게 은혜를 베푸사 복을 주시고 그의 얼굴빛을 우리에게 비추사(셀라) 주의 도를 땅 위에, 주의 구원을 모든 나라에 알리소서(시편 67편 1~2절)

역사의 모든 것을 주관하시는 주님!
총체적인 어려움에 처한 이 나라를 아주 넘어지지 않도록 인도하심을 감사합니다. 이 나라에 주께서 계시기에, 주님이 찾고 계시는 의인들이 있기에, 이 나라를 주님이 붙들고 계심을 믿습니다.
하지만, 이 나라를 덮고 있는 경제침체의 먹구름이 장기화되다보니 온 국민들도 심한 생활고에 허덕이며, 걱정과 한숨이 깊어만 가고 있습니다.
주님의 백성들도 믿음의 주요 온전하게 하시는 주님을 바라보며 잘 이겨내야 하지만, 밀려드는 경제적인 압박감을 피부로 느끼지 않을 수 없습니다.

주님!
경제침체의 늪에 갇혀 고통과 시름이 떠나지 않는 이 나라를 불쌍히 여기시옵소서. 메마를대로 메말라가고 있는 삶의 현장을 품어주시고 은혜의 단비를 내려주옵소서.
요행을 바라지 않고 성실을 심으며, 땀 흘린 정직한 열매를 원하고 있는 국민들의 소박한 소원을 외면하지 마옵소서. 저마다 품고 있는 소박한 삶의 희망이 꽁꽁 얼어붙지 않게 하여 주옵소서.

주님!
정부에서는 조금씩 나아질 것이라고 전망하고 있지만, 이것이 어제오늘의 일만은 아니기에, 이제 저희들은 그 말을 신뢰하기가 힘이 듭니다. 더욱이 국가의 흥망성쇠나 인간의 생사화복이 주님의 주권에 달려 있음을 깨닫습니다. 주님이 닫으시면 풀 자가 없고, 주님이 여시면 닫을 자가 없음을 깨닫습니다.
오직 주님의 주권에 달려있음을 믿사오니, 이 나라와 국민을 긍휼히 여기셔서 어려운 경제를 회복시켜 주옵소서.
주의 사랑하는 백성들도 주님을 위하여 기쁨마음으로 충성할 수 있도록 이끌어 주옵소서. 오직 주님의 능력만을 바라봅니다. 예수 그리스도의 이름으로 기도합니다. 아멘

Guide for a prayer
상대방의 아픔을 살필 수 있는 신앙적인 자세가 되어 있다면 그가 부르짖는 기도에는 반드시 하나님의 능력이 깃들게 되어 있습니다.

이 나라에 통일을 주소서

Power of word

여호와께서 시온의 포로를 돌려보내실 때에 우리는 꿈꾸는 것 같았도다 그때에 우리 입에는 웃음이 가득하고 우리 혀에는 찬양이 찼었도다 그 때에 뭇 나라 가운데에서 말하기를 여호와께서 그들을 위하여 큰일을 행하셨다 하였도다(시편 126편 1~2절)

역사를 주관하시는 주님!
이 민족을 사랑하여 주셔서 많은 위기 속에서도 다시 일어서게 하시고, 전쟁의 위협 속에서도 발전을 거듭할 수 있게 하시니 감사합니다. 우리 주님이 이 민족을 더욱 지켜주시고 붙들고 계신 까닭임을 믿습니다. 그러나 아직까지 남과 북이 냉전상태에 놓여있고, 서로를 향하여 총부리를 겨누고 있어서 안타까움을 더해주고 있습니다. 세계 여러 나라 중에 유일한 분단국가로 남아있게 되었습니다.

이 민족을 사랑하시는 주님!
이 나라의 통일을 위하여 기도하기를 원합니다. 이 민족을 불쌍히 여기셔서 어서 속히 남과 북이 하나가 되게 하시고, 감격스런 민족통일을 이루게 하여 주옵소서. 언제까지 이 민족이 내 동포, 내 혈육을 향하여 총부리를 겨누고 있어야만 하겠습니까?

주님!
이 민족이 통일을 이룰 수 있는 것은 인간의 손에 달려있는 것이 아니라 하나님의 손에 달려 있사오니, 온 백성이 이 나라의 통일을 놓고 하나님을 간절히 찾을 수 있게 하여 주옵소서.
남과 북이 대치된 가운데 이 백성이 무고한 피를 흘리는 안타까움이 더 이상 발생되지 않게 하여 주옵소서. 북한의 도발에 희생된 자녀와 남편을 가슴에 묻고, 쓰라린 아픔을 추스르며 살아야 하는 유족들이 더 이상 발생되지 않게 하여 주옵소서.

주여!
전쟁의 쓰라린 아픔이 자자손손 계속 대물림되지 않도록 이 나라에 통일을 주시고, 진정한 평화를 주옵소서. 남과 북이 하나 되어 손에 손을 맞잡고 감격의 노래를 부를 수 있도록 큰 은총을 허락하여 주옵소서.
예수 그리스도의 이름으로 기도합니다. 아멘

Guide for a prayer
기도하지 않으면 신앙의 초신자가 될 수밖에 없고, 앉은뱅이 신앙생활에서 벗어나지를 못합니다.

이산의 아픔을 헤아리소서

Power of word
보라 형제가 연합하여 동거함이 어찌 그리 선하고 아름다운고, 헐몬의 이슬이 시온의 산들에 내림 같도다 거기서 여호와께서 복을 명하셨나니 곧 영생이로다 (시편 133편 1,3절)

자비하신 주님!
이 땅에 자유와 평화를 주시고 이 땅의 백성들로 하여금 예수 그리스도를 믿을 수 있는 은혜를 주심을 감사합니다. 한 많은 이 민족의 눈물을 씻겨주신 주님께 찬양을 드립니다.

주님!
하지만, 아직도 이 나라의 백성들 가운데 가고 싶어도 마음대로 갈 수 없고, 보고 싶어도 마음대로 볼 없는 이산의 아픔을 안고 사는 백성들이 있습니다.
북에 두고 온 부모형제와 고향을 그리워하면서 늙어가야만 하는 이산가족의 아픔을 헤아려주옵소서.
특히, 명절을 맞을 때마다 고향산천을 생각하며, 정답던 마음들이 얼마나 사무치고 가슴을 아리게 하겠습니까?
그립고 또 그리워, 그들이 흘린 눈물이 강을 이루고, 그들의 가슴속에 맺힌 한이 켜켜이 쌓여 산을 이루고 있을 것입니다.

주님!
이 민족의 쓰라린 아픔과 분단의 고통이, 실향민과 이산가족의 가슴속에는 여전히 계속되고 있음을 봅니다. 참된 자유와 평화를 누리지 못하고 있는 그들을 불쌍히 여기시옵소서.
살아서도 갈 수 없고, 죽어서도 만날 수 없는 그들의 설움과 아픔이 속히 치유될 수 있도록 은총을 내려주옵소서.

총부리를 맞대고 있는 휴전선이 변하여 평화를 노래하는 광장이 되게 하시고, 같은 국기를 바라보며, 애국가를 열창할 수 있는 감격의 그날이 속히 올 수 있게 하옵소서.
그리하여 실향민과 이산가족들도, 꿈에도 그리워하던 고향산천을 자유롭게 오가면서 사무치게 보고 싶었던 부모형제를 다시 만나 서로의 그리움을 씻을 수 있게 하옵소서. 모든 눈물을 닦아주시는 예수 그리스도의 이름으로 기도합니다. 아멘

Guide for a prayer
우리가 기도할 때 주님의 사랑이 우리를 통해 기도 대상자에게로 흘러들어갑니다.

이 나라에 전쟁이 사라지게 하소서

Power of word
또 여호와의 구원하심이 칼과 창에 있지 아니함을 이 무리에게 알게 하리라 전쟁은 여호와께 속한 것인즉 그가 너희를 우리 손에 넘기시리라(사무엘상 17장 47절)

은혜의 주님!
아무 쓸모없는 이 죄인을 가장 큰 영광의 자녀로 삼으시고 택하신 백성으로서의 권리를 누리며 살게 하시니 감사합니다. 항상 하나님을 경외하기를 원하오니 저의 마음을 받으시옵소서.

주님!
이 나라를 위하여 기도하기를 원합니다. 이 나라에 다시는 전쟁이 없게 하옵소서. 전쟁을 싫어하고 평화를 사랑하는 민족이 사는 이 한반도에, 항상 전쟁이 날 수도 있다는 긴장감이 맴돌고 있습니다.
비극적인 전쟁을 치른 아픈 흔적들이 아직도 곳곳에 남아 있는데, 또 다시 전쟁이 발발할 수 있다는 긴장감이 한반도를 뒤덮고 있사오니, 평화를 사랑하는 이 민족을 긍휼히 여기시옵소서.

주님!

전쟁은 분명히 하나님께 속한 것임을 믿습니다. 이 민족을 긍휼히 여기시는 우리주님께서, 이제는 더 이상 이 땅위에 삶과 죽음의 통곡소리가 들리지 않도록 보호하여 주옵소서.

불가항력적으로라도 전쟁을 치르는 일이 없도록 이 나라에서 전쟁을 막아주옵소서. 이해관계와 이데올로기의 갈등으로 얼룩진 이 나라를, 화합의 나라로 이끄시고 평화의 나라로 이끌어 주옵소서.

전쟁의 사기를 드높이는 군가가 변하여 통일과 화합을 축하하는 노래가 되게 하시고, 전쟁무기가 변하여 땅을 일구는 보습이 되게 하옵소서.

영광의 주님을 찬양하고 주님을 높이는 제사장 나라가 되게 하실 것을 믿습니다. 그날이 속히 올 수 있도록, 모든 그리스도인들이 기도로 주님의 전을 뜨겁게 달구게 하옵소서. 이 나라의 주권자가 되시는 예수 그리스도의 이름으로 기도합니다. 아멘

Guide for a prayer
어두운 세상에서 넘어지지 않는 방법은 주님 앞에 무릎 꿇는 것밖에는 없습니다.

이 나라의 안보를 붙드소서

Power of word
여호와께서 집을 세우지 아니하시면 세우는 자의 수고가 헛되며 여호와께서 성을 지키지 아니하시면 파수꾼의 깨어 있음이 헛되도다(시편 127편 1절)

은혜의 주님!
전쟁의 아픔이 있는 이 나라를 세계강국으로 발돋움할 수 있게 하시니 감사합니다. 하지만, 아직도 남과 북이 대치 국면 상태로 있으면서 항상 전운이 감돌고 있습니다.

북한은 여전히 핵무기와 각종 무기로 남한을 위협하며 전쟁의 공포를 조장하고 있고, 꽃보다 아름다운 수많은 청년들을 바다에 수장시키기까지 하는 무자비한 도발행위도 서슴지 않고 있습니다.

주님!
이 나라의 안보를 위하여 기도합니다. 다시는 이 땅에서 전쟁이 일어나지 않도록 주님의 능력의 오른손으로 막아주옵소서. 이 땅에서 더 이상 피 흘리는 동족상잔의 비극이 일어나지 않도록 보호하여 주옵소서.

주님!
더욱 투철한 안보의식이 요구될 때임을 깨닫습니다. 성능이 좋은 무기를 배치시키는 것도 중요하겠지만, 그보다 더 중요한 것은 국민의 안보의식임을 잊지 말게 하옵소서. 정신이 무너지면 육체도 무너지듯이, 안보의식이 무너지면 이 나라가 무너질 수 있음을 기억하여, 언제나 안보의식을 투철하게 세워나갈 수 있는 국민들이 되게 하옵소서.

주님!
안타깝게도 신세대의 많은 젊은이들이 안보불감증에 걸려 있음을 봅니다. 우리의 진정한 적은 북한보다도 안보불감증이라는 것을 기억하게 하셔서, 이 땅에서 전쟁의 그림자가 완전히 걷힐 때까지 안보의식을 가볍게 여기는 일이 없게 하옵소서. 이 땅의 모든 교회도 이 나라의 안보정책을 위하여 기도할 수 있게 하시고, 밤낮으로 철책을 지키고 있는 장병들을 생각하며 깨어 기도할 수 있게 하옵소서.
예수 그리스도의 이름으로 기도합니다. 아멘

Guide for a prayer
가장 확실한 안보는 주님이 이 나라를 붙들고 계셔야 합니다. 주님이 간섭하시는 손길은 성도의 기도무릎에 달려있습니다.

이 나라의 국군장병을 붙드소서

Power of word
젊은 자의 자식은 장사의 수중의 화살 같으니 이것이 그의 화살 통에 가득한 자는 복되도다 그들이 성문에서 그들의 원수와 담판할 때에 수치를 당하지 아니하리로다(시편 127편 4~5절)

높고 크신 주님!
이 나라에 젊고 씩씩한 젊은이들을 주셔서 이 땅의 안보를 지켜나갈 수 있도록 도와주시니 감사합니다. 그들을 불꽃같은 눈동자로 살피시며 보호하고 계시는 주님이심을 믿습니다.

주님!
사랑하는 조국과, 가족과, 친척과, 동료들을 위하여 많은 날들을 봉사하는 젊은 장병들을 위하여 기도합니다.
분단된 아픔이 있는 나라, 전쟁의 위협이 항상 존재하는 이 조국을 수호하고자 어렵고 힘든 많은 날들을 인내하며, 국방의 의무를 감당하는 장병들에게 위로와 용기를 주옵소서.

복무기간 동안 장병들 모두가 나라를 지켜야 한다는 투철한 사명감을 가지고 충성된 마음으로 본분을 다할 수 있게 하옵소서.
젊을 때에 나라를 위하여 봉사하는 것이 인생에 있어서 영광

된 일임을 기억하게 하셔서, 기쁨과 즐거움으로 군복무생활을 할 수 있게 하옵소서.

주님!
특별히 간구하는 것은, 군 복무에 임하고 있는 장병들의 건강을 지켜주시기 원합니다.
무더운 더위와 혹독한 추위에도 넉넉히 견디어 낼 수 있도록 체력을 강화시켜 주시고, 어렵고 힘들 때마다 조국을 수호하기 위해서 목숨을 바친 수많은 호국영령들을 기억하면서 새 힘을 얻을 수 있게 하옵소서.
혈기왕성한 때입니다. 젊은 혈기로 인하여 충동적인 유혹에 빠지기 쉽사오니, 감정을 잘 다스릴 수 있게 하여 주시고, 그 어떤 불미스러운 일에도 걸려 넘어지지 않게 하여 주옵소서. 동료의 허물이 보이면 은밀히 가려줄 수 있게 하시고, 동료의 부족함이 보이면 따뜻한 힘이 되어 줄 수 있는 병영생활이 되게 하옵소서. 예수 그리스도의 이름으로 기도합니다. 아멘

Guide for a prayer
젊은이들에게 총칼을 의지하는 것보다 하나님을 의지하는 법을 가르칠 수 있도록 기도해야 합니다.

이 나라의 가정을 지키소서

Power of word
그러므로 사람이 부모를 떠나 그의 아내와 합하여 그 둘이 한 육체가 될지니 이 비밀이 크도다 나는 그리스도와 교회에 대하여 말하노라 그러나 너희도 각각 자기 아내 사랑하기를 자신 같이 하고 아내도 자기 남편을 존경하라(에베소서 5장 31~33절)

고마우신 주님!
저희는 항상 넘치는 주님의 사랑을 받고 사는 인생임을 깨닫습니다. 부족하고 못난 저희를 즐겨 품으시는 주님께 감사하며 경배하오니 영광을 받으시옵소서.

주님!
행복이 시작되는 이 나라의 가정을 위하여 기도하기를 원합니다. 요즘 흔들리고 무너지는 가정들이 봇물을 이루면서, 이 사회에 또 하나의 큰 아픔으로 자리 잡고 있습니다.
행복해야할 가정에서조차 온갖 더럽고, 악하고, 끔찍한 일들이 서슴없이 자행되고 있는 것을 볼 때, 에덴동산에서 아담과 하와의 가정을 무너뜨렸던 사탄의 간교함이 지금도 여전히 가정을 향하고 있음을 깨닫습니다.

주님!
저희로 하여금 이 사탄의 공격으로부터 가정을 지킬 수 있는 길이 무엇인지 깨닫는 지혜가 있게 하옵소서.
사회 곳곳에서 무너지고 해체되는 가정들을 보며, 이럴 때 교회와 믿음을 가진 자들이 무엇을 어떻게 해야만 하는지를 고민하며 기도할 수 있게 하옵소서.

범사회적으로 할 수 있는 것은 감히 엄두를 못 낼지라도, 가까운 곳에 상처받는 이웃을 찾아가서 그들을 위로하고, 그들의 마음을 어루만지며, 따뜻한 벗이 되어줄 수 있는 선한 사마리아인은 될 수 있게 하옵소서.
그것이 누군가는 해야 할 일이기에, 하지 않으면 안 될 일이기에, 그 멍에와 짐을 주의 백성들이 짊어질 수 있게 하셔서, 이 사회에 사탄의 장막들이 서서히 걷히며, 곳곳마다 사랑과 평화와 행복을 노래하는 가정이 회복되는 은총의 역사가 있게 하옵소서. 예수 그리스도의 이름으로 기도합니다. 아멘

Guide for a prayer
하루동안 하나님께 얼마나 손을 드는가에 따라서 간섭하시는 그분의 손길을 경험할 수 있습니다.

이 사회의 안전을 붙드소서

Power of word
오직 그만이 나의 반석이시요 나의 구원이시요 나의 요새이시니 내가 흔들리지 아니하리로다 나의 구원과 영광이 하나님께 있음이여 내 힘의 반석과 피난처도 하나님께 있도다(시편 62편 6,7절)

사랑의 주님!
주님의 가없는 사랑으로 말미암아 침침하고 시끄러운 세상에서도 힘과 희망을 잃지 않고 살게 하심을 감사합니다. 삶의 여정이 힘들 때마다 주님의 품 안에서 안식과 평안을 찾을 수 있게 하옵소서.

주님!
이 사회가 갈수록 험악해지고 있는 것을 봅니다. 이 땅 곳곳에서 경악을 금할 수 없는 끔찍한 사건들이 끊임없이 발생되고 있습니다.
그 어디에서도 안전한 곳을 찾아볼 수 없는 사회로 변해가고 있습니다. 곳곳마다 위험이 도사리고 있고, 곳곳마다 생명의 위협을 받고 있습니다.

주님!
언제 어떻게 위험한 일이 다칠지 모르는 가운데, 불안감을 안고 살아야 하는 이 나라의 국민을 불쌍히 여기시옵소서. 모든 위험으로부터 안전하게 지키시고 보호하여 주시기를 원합니다.

피해의식에 사로잡혀서 불특정 다수에게 분노의 감정을 폭발하는 자들이 사라질 수 있게 하시고, 이상한 정신세계에 사로잡혀서 존엄한 생명을 해치거나 다치게 하는 자들도 사라진 이 사회가 되게 하옵소서.

더 이상 끔찍한 범죄가 반복되는 거리가 아니라, 이웃과 소통하며 정감을 나눌 수 있는 거리로 회복되게 하셔서, 어린아이로부터 노인에 이르기까지 누구라도, 생명의 위협을 받지 않고 안전하게 활동할 수 있게 하옵소서.

치안을 담당하고 있는 경찰관들도 붙드셔서, 관할지역내에 있는 주민들의 생명과 안전을 지키는데 맡겨진 책임을 다할 수 있게 하옵소서.

어느 순간에라도, 사방으로 욱여쌈을 당하는 이웃이 없기를 소망하며, 예수 그리스도의 이름으로 기도합니다. 아멘

Guide for a prayer
겸손히 주님의 은혜를 바라는 자에게 새벽이슬 같은 주의 은혜가 임합니다.

이 사회에 부정부패가 사라지게 하소서

Power of word
오직 정의를 물같이, 공의를 마르지 않는 강같이 흐르게 할지어다(아모스 5장 24절)

은혜의 주님!
어둠 속에서 부패해가던 저희를 사랑해주셔서 구원받을 수 있게 하시고, 주님을 의뢰하는 삶을 살게 하시니 감사합니다. 저희의 생각과 마음이 언제나 주님을 향할 수 있게 하옵소서.

주님!
부정부패로 얼룩진 이 사회를 위하여 기도합니다. "만물보다 거짓되고 심히 부패한 것이 사람의 마음이라"(렘17:9)는 주님의 말씀대로, 이 사회가 부정부패로 만연되어 있음을 봅니다. 정치부패, 기관부패, 기업부패, 종교부패, 지방정부부패 등, 어느 한곳도 부정부패로 얼룩져 있지 않은 곳이 없습니다.

주님!
썩을 대로 썩어 있고, 상할 대로 상해 있는 이 사회를 불쌍히 여겨주옵소서. 부정부패를 척결한다는 정부의 의지가 아무리 강해도 은밀하게 진행되는 부정부패의 고리는 끊어지지 않고 있습니다.

적폐를 뿌리 뽑아야 한다는 목소리가 높아지고 있지만, 꼬리에 꼬리를 물고 있는 부정부패의 사례는 이러한 주장을 무색하게 만들고 있습니다.

주님!
끊으려고 해도 끊어지지도 않고, 척결하려고 해도 척결되지도 않는 이 사회의 부정부패를 더 이상 관망하지 마옵소서.
정의를 쓴 쑥으로 바꾸며, 공의를 땅에 던지는 사악한 무리들을 주님의 권능의 손으로 척결하여 주옵소서. 그들의 더러운 생각에 오물을 끼얹어주시고, 그들의 오만한 힘들을 정의의 칼날로 베어주옵소서.
그러므로 이 땅 곳곳에서 사회질서를 어지럽히는 독버섯 같은 무리들이, 더 이상 발을 붙일 수 없게 하옵소서.
예수 그리스도의 이름으로 기도합니다. 아멘

Guide for a prayer
이 땅에 바른 길이 열릴 수 있는 것은 오직 우리 자신을 주님 앞에 내던지는 길밖에는 없습니다.

이 나라의 기업들을 붙드소서

Power of word
내 심령에 이르기를 여호와는 나의 기업이시니 그러므로 내가 그를 바라리라 하도다 기다리는 자들에게나 구하는 영혼들에게 여호와는 선하시도다(예레미야애가 3장 24~25절)

은혜와 복을 더하시는 주님!
이 나라가 경제발전을 이룩하고 대기업들이 성장하여 세계 곳곳마다 진출하여 국제경쟁력을 강화하게 된 것을 감사합니다. 하지만, 갈수록 국제경쟁력이 약화되면서 대기업뿐만 아니라 중소기업들도 위기를 맞고 있습니다.
이 나라의 조선업도 국제경쟁력에 밀려서 장기불황에 허덕이다가 결국은 대대적인 구조조정이 불가피한 상황이 되고 말았습니다. 세계경제가 좀처럼 회복되지 않는 상황 속에서 엎친 데 덮친 격으로 수많은 근로자들이 정든 직장을 잃게 되었습니다.

주님!
이 나라의 기업들에게 긍휼을 베풀어 주옵소서. 기업들이 무너지게 되면 전방위에 걸쳐서 더욱 힘들어지게 되오니, 이 나라의 기업들마다 든든히 서갈 수 있는 은총을 내려주옵소서.

정부도 위기를 맞은 기업들을 회생시키기 위하여 특단의 정책들을 잘 세워나갈 수 있게 하셔서, 파국으로 치닫고 있는 기업들을 막아낼 수 있게 하옵소서.
또한, 대기업에 편중된 정책보다 중소기업들도 도울 수 있는 정책들을 세워나갈 수 있게 하셔서 작은 기업도 희망과 확신을 가지고 성장을 위한 발걸음을 힘차게 내딛을 수 있게 하옵소서.

특히, 영세업체들도 불쌍히 보시옵소서. 당국은 물론 경제 단체나 상공단체들도, 서민경제나 복지사회의 기운을 더욱 살리기 위해서라도, 영세업체를 지원 육성하는데 관심을 기울일 수 있게 하옵소서.
그리하여 영세업체의 수많은 근로자들도, 자긍심을 가지고 경제사회 발전에 중요한 몫을 담당하는 주추가 되게 하옵소서.
예수 그리스도의 이름으로 기도합니다. 아멘

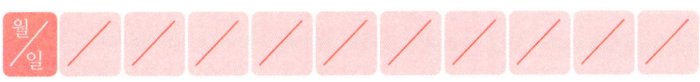

Guide for a prayer
주님을 닮아가야 한다는 것은 기도하는 자만이 품게 되는 깨달음입니다.

국민을 섬기는 위정자가 되게 하소서

Power of word

다스리는 자들은 선한 일에 대하여 두려움이 되지 않고 악한 일에 대하여 되나니 네가 권세를 두려워하지 아니하려느냐 선을 행하라 그리하면 그에게 칭찬을 받으리라(로마서 13장 3절)

모든 권세의 주관자가 되시는 주님!
위정자들이 국민의 선택을 받아 나라를 위하여 일하고, 국민을 위하여 봉사하며 섬길 수 있도록 축복하심을 감사합니다.
위정자들이 세움을 받은 것은, 겉보기에 국민의 선택을 받은 것 같지만, 실제는 주권자이신 하나님께서 세우신 것임을 저희들은 알고 있습니다.
위정자들도 이 사실을 깨닫게 하셔서 모든 권세의 주관자가 되시는 하나님을 두려워하며 정치를 할 수 있게 하옵소서.

하나님이 가장 바라고 계시는 공의와 정직을 강같이 흐르게 하는데 정치의 생명을 걸 수 있게 하시고, 자신에게 주어진 권력을 함부로 남용하거나 사리사욕을 채우는 수단으로 이용하는 일이 없게 하옵소서.

모든 주권은 국민에게 있고, 모든 권력은 국민으로부터 나온다는 것을 기억하여, 국민을 주인 섬기듯 섬기며, 국민의 마음을 시원케 할 수 있는 위정자들이 되게 하옵소서.

모든 국민은 자신들이 힘을 다하여 섬겨야 할 대상이요, 자신은 힘을 다하여 섬겨야 할 장본인임을 잊지 말게 하옵소서. 그들이 하는 일을 통하여 국민들이 아픔을 당하거나 억울함을 당하는 일이 없게 하시고, 뼛속까지 국민들의 마음을 잘 헤아리는 정치를 하여서, 국민의 기쁨이 되고 자랑이 되는 위정자들이 되게 하옵소서.

자신이 하는 역할이 클지라도 교만을 앞세우지 않게 하시고, 자신이 이루어낸 공적이 많을지라도 거만함을 드러내지 않으며, 모든 공은 국민에게로 겸손히 돌릴 수 있는 위정자들이 되게 하옵소서.
예수 그리스도의 이름으로 기도합니다. 아멘

Guide for a prayer
성도의 생활은 기도 생활이어야 하며 우리에게 기도생활보다 더 큰 축복은 없습니다.

공의로운 사법기관과
법조계가 되게 하소서

Power of word
너는 재판을 굽게 하지 말며 사람을 외모로 보지 말며 또 뇌물을 받지 말라 뇌물은 지혜자의 눈을 어둡게 하고 의인의 말을 굽게 하느니라 너는 마땅히 공의만 따르라(신명기 16장 19~20절)

공의로우신 하나님!
대한민국이 법과 질서로 세워져 갈 수 있게 하심을 감사합니다. 법을 지키며 살아야 하는 국민의 한 사람으로, 사법기관과 법조계를 위하여 기도합니다.

예나 지금이나 법조계의 비리가 끊이지 않고 있음을 봅니다. 국민으로부터 가장 신뢰받고 존경받아야 할 사법기관이 불신과 지탄의 대상이 되고 있습니다. 여기저기서 곪을 대로 곪아 있는 법조계를 개혁해야만 한다는 목소리가 높습니다.

주님!
지금이라도 법조계가 정신을 차리고 본연의 임무를 충실히 감당할 수 있는 기관으로 거듭날 수 있게 하옵소서.
국민이 가장 믿고 신뢰할 수 있는 사법기관이 되기 위하여 마음을 쏟을 수 있게 하시고, 국민을 위한 법을 공정하게 집행하며 정의롭게 실천해 나갈 수 있는 법조인들이 되기 위하여 스스로 자정노력을 할 수 있게 하옵소서.
그리하여 누구나 법 앞에서는 평등함과 동등함을 누리게 할 수 있는 사법기관이 되게 하시고, 누구나 보호를 받으며, 백성된 권리와 주권을 행사하는데 장애가 되지 않는 법조계가 되게 하여 주옵소서.

주님!
법조계에도 믿음의 사람들을 많이 세우신 것을 감사합니다.
법을 통해서도 하나님의 공의가 실현될 수 있도록 힘쓸 수 있게 하시고, 법 위에는 하나님의 통치와 말씀이 있음을 잊지 말게 하여 주옵소서.
솔로몬의 재판장과 같은 사법기관과, 솔로몬처럼 지혜로운 법조인들이 되게 하실 것을 믿사오며, 예수 그리스도의 이름으로 기도합니다. 아멘

✱ 기도체크

Guide for a prayer
우리는 나라의 법 위에 하나님의 정의로우심이 덧입혀질 수 있도록 힘써서 기도해야 합니다.

청렴한 공직자들이 되게 하소서

Power of word
경건하지 못한 무리는 자식을 낳지 못할 것이며 뇌물을 받는 자의 장막은 불탈 것이라 그들은 재앙을 잉태하고 죄악을 낳으며 그들의 뱃속에 속임을 준비하느니라
(욥기 15장 34~35절)

빛과 진리로 충만하신 주님!
언제나 저희를 향하여 은혜와 평강의 빛을 비추고 계심을 감사합니다. 저희의 모든 것이 주님의 사랑이요 섭리임을 깨닫습니다.

주님!
공무원들의 청렴을 위하여 기도합니다. 국민들로부터 권한을 위임받고 공직에 나간 이들은 무엇보다 국민을 향한 책임을 철저히 느끼며 살아야 할 것입니다.
그러나 이 땅의 공직자비리가 너무 심각하여 이른바 관피아라는 신조어까지 생겨나게 되었습니다.
이러한 적폐로 이 나라 곳곳에서 안전사고가 끊이질 않고 있고, 수많은 생명이 목숨을 잃음으로 국민에게 고통과 아픔을 주고 있습니다.

주님!

불쌍히 여겨주옵소서. 국가발전과 사회 안정을 위해 모든 시민이 새로운 윤리적 결단으로 살아도 어려운 이때에, 공직자의 부정이 늘고 있다는 사실에 대하여, 정부는 쌓이고 또 쌓여가는 관행과 비리들을 척결하기 위하여 더욱 강력한 조치를 취할 수 있게 하옵소서. 또한, 바라옵기는 더 이상 공직자들에게 양심과 영혼을 팔아 육체를 만족시키는 부정부패가 없게 하옵소서. 옳은 것은 옳다고 말하고, 잘못된 것은 아니라고 말할 수 있는 공무원들이 되게 하옵소서.

부정한 것에 대하여는 부끄러워할 수 있게 하시고, 옳지 못한 방법에 대해서는 단호히 거절할 수 있는 공직자들이 되게 하옵소서.
정직을 사랑하게 하시고, 불의를 미워할 수 있게 하시며, 재직하는 기간 동안 시민에게 인정받고 사랑받으며 존경받을 수 있는 공직자들이 되게 하옵소서.
예수 그리스도의 이름으로 기도합니다. 아멘

Guide for a prayer
우리가 기도하는 것도 하나님의 거룩한 사역에 동참하는 것 중에 하나임을 기억해야 합니다.

사회적 약자를 돌아보소서

Power of word

수고하고 무거운 짐 진 자들아 다 내게로 오라 내가 너희를 쉬게 하리라 나는 마음이 온유하고 겸손하니 나의 멍에를 메고 내게 배우라 그리하면 너희 마음이 쉼을 얻으리니 이는 내 멍에는 쉽고 내 짐은 가벼움이라 하시니라.(마태복음 11장 28~30절)

저희를 부르시는 주님!
무거운 짐을 지고 가는 인생들이기에 지친 인생을 어루만져주시는 주님의 따뜻한 손길이 필요함을 깨닫습니다.
저희를 항상 쉴만한 물가로 인도하여 주셔서 세상 어디에서도 얻을 수 없는 평안을 얻게 하실 것을 믿습니다.

주님!
이 땅의 약하고 소외된 이들을 위하여 기도합니다. 그늘지고 소외된 곳에서 빛을 보지 못한 채 힘겹게 살아가는 이웃들을 기억하옵소서.
지역 때문에, 계층 때문에, 인종 때문에, 또 다른 이유로 소외당하고 차별받는 이들이 있습니다. 집 없는 사람들, 무의탁노인과 소년 소녀 가장들, 장애인들, 노숙인과 외국인 노동자들, 실직당하고 해직된 자들, 고향을 잃은 사람들이 바로 그들이고, 그늘진 곳에서 외로워하고 있습니다.

그들에게 찾아가서 그들의 편이 되어주고, 외로움을 달래주며, 상처 난 곳들을 싸매어주고, 부족함을 채워줄 수 있는 선한 사마리아인 같은 이웃들이 이 사회에 많아지게 하옵소서.

교회들도 성 쌓고 모으는 데만 주님이 주신 은사와 달란트를 사용할 것이 아니라, 주님처럼 소외된 자들의 곁으로 다가가서 약한 손을 잡아주고, 그들의 은밀한 고통과 아픔까지도 감싸주며, 친근한 벗이 되어줄 수 있는 교회가 되게 하옵소서.

갈수록 사회적 가치와 사랑의 조화가 무너지고 있는 이때에, 아름다운 봉사와 섬김이 있는 열매로, 그들에게 삶의 희망을 심어줄 수 있는 교회와 이웃들이 되게 하옵소서.
예수 그리스도의 이름으로 기도합니다. 아멘

✱ 기도체크

Guide for a prayer
하나님이 우리의 기도 내용을 무조건 응답해주시는 것은 아닙니다. 무응답도 응답이고 하나님의 뜻일 수 있습니다.

서민의 삶을 돌아보소서

Power of word
그러나 주께 피하는 모든 사람은 다 기뻐하며 주의 보호로 말미암아 영원히 기뻐 외치고 주의 이름을 사랑하는 자들은 주를 즐거워하리이다(시편 5편 11절)

높고 크신 우리 주님!
우리 주님은 삶에 지친 영혼들을 새롭게 하시고 새 힘을 주시는 분이심을 믿습니다. 주님을 바라보는 갈급한 영혼마다 이슬 같이 내리는 주의 은혜를 맛보게 하옵소서.

주님!
이 땅의 서민들을 위하여 기도합니다. 나라의 경제가 점점 더 어려워지면서 경제적 불평등이 이 사회에 또 하나의 커다란 아픔이 되고 있습니다.
갈수록 빈부격차가 심해지고 있음을 피부로 느낍니다. 소득불균형과 장기실업으로 신용불량자들이 늘어나고 있고, 가계부채가 수조원에 달하여 서민들의 위기감이 최고조에 달하고 있습니다.

주님!
잘 사는 사람은 더 잘살고, 못사는 사람은 더 못살 수밖에 없는 사회구조 속에서 설움만 쌓여가는 서민들의 삶을 돌아보시옵소서. 통장의 잔고는 바닥을 드러낸 채 빚더미만 쌓여가는 서민들의 삶을 살펴주옵소서. 가장 기본적인 생활조차도 감당하기 어려워, 깊은 한숨으로 긴 세월을 보내야 하는 서민들의 고통이 이 땅 곳곳에 메아리치고 있습니다. 부모가 겪는 가난의 아픔이 부메랑이 되어, 자녀들에게 대물림 되지 않도록 은총을 내려주옵소서.

주님!
좀처럼 회복되지 않는 나라의 경제상황이 어서 속히 제자리를 찾을 수 있게 하시고, 서민들마다 걱정 없이 살 수 있는 일자리가 하루빨리 확보될 수 있게 하옵소서. 필요한 만큼의 소득규모가 회복되어서, 눈을 뜨면 걱정이 앞서고, 눈을 감으면 꿈자리마저 어수선한 생활에 안녕을 고할 수 있게 하옵소서.
빚을 줄여가는 기쁨도 있게 하시고, 이웃의 아픔도 헤아리며 가정의 행복도 키워갈 수 있는 보람을 찾을 수 있게 하옵소서.
예수 그리스도의 이름으로 기도합니다. 아멘

Guide for a prayer
우리가 기도하는 것은 이미 주님이 약속하신 것을 받아 누리기 위함입니다.

노인들을 기억하소서

Power of word
야곱의 집이여 이스라엘 집에 남은 모든 자여 내게 들을지어다 배에서 태어남으로부터 내게 안겼고 내게 업힌 너희여 너희가 노년에 이르기까지 그리하겠고 백발이 되기까지 내가 너희를 품을 것이라 내가 지었은즉 내가 업을 것이요 내가 품고 구하여 내리라(이사야 46장 3~4절)

언제나 사랑과 은혜로 인도해 주시는 주님! 감사합니다. 이 땅에 있는 동안 몸과 마음을 드려 주님을 더 잘 섬길 수 있게 하옵소서.

주님!
이 땅의 노인들을 위하여 기도하기를 원합니다. 갈수록 고령화 인구가 늘어나면서 고통과 아픔을 겪는 노인들도 그 수를 더해가고 있습니다. 자녀들에게 매를 맞고 버림을 받는 노인들도 있고, 홀로 험한 세상과 싸워가며 말년을 쓸쓸히 보내야만 하는 노인들도 있습니다.

주님!
이 시대의 악함을 불쌍히 여겨 주옵소서. 늙은 부모를 공경하며 잘 보살펴 드릴 수 있는 자녀들이 되게 하시고, 힘없고 연약한 노인들을 잘 섬기며 존경할 수 있는 사회가 되게 하옵소서. 인생은 흘러 젊은 사람도 언젠가는 노인이 될 수밖에 없을 것인데, 그때의 자신의 모습을 생각하며 지금의 노인들을 잘 받들고 공경할 수 있는 세대가 되게 하옵소서.

주님!
정부차원에서 실시하고 있는 노인들을 위한 정책도, 노인들에게 꼭 필요한 정책이 되기를 원합니다. 퍼주는 것으로만 일관하는 정책이기보다는, 건강한 노인들이 소일을 할 수 있는 일거리를 만들어 갈 수 있게 하시고, 노인의 때에도 보람이 될 수 있는 기회를 만들어 드릴 수 있는 정책을 세워가게 하옵소서.

주님!
쇠약하여 병상에서 신음하는 노인들과 고독과 외로움 가운데 신음하는 노인들에게 은총을 더하시고, 아직도 주님을 모르는 노인들에게 죽음 이후에 또 다른 세계가 있음을 알게 하셔서 주님을 만날 수 있게 하옵소서.
예수 그리스도의 이름으로 기도합니다. 아멘

✱ 기도체크

Guide for a prayer
깊은 기도의 세계를 경험한 사람은 사랑을 무시하고 기도에만 몰입하지 않습니다.

장애인들을 기억하소서

Power of word
이 백성은 내가 나를 위하여 지었나니 나를 찬송하게 하려 함이니라(이사야 43장 21절)

사랑이 많으신 주님!
죄인들을 사랑하시되 특별히 병약자와 장애인들을 사랑하시고 뜨거운 동정심으로 사셨던 주님의 생애를 돌아보며 마음을 담아 기도합니다.

주님!
장애를 갖고 사는 사람들을 기억하시고 긍휼히 여기시옵소서. 욕심일 수도 있겠지만 정상인들처럼 건강했더라면 얼마나 좋았겠습니까? 평생 장애를 갖고 살아야 하는 고통과 아픔을 보듬어 주시고 헤아려 주셔서 그들의 미래가 눈물로 얼룩져 가는 슬픈 인생이 되지 않게 하옵소서.
정상인에 비해 수십 배나 더 노력하고, 더 힘든 과정들을 헤치면서 살아야 할 것입니다. 사람들의 냉대를 받기도 하며, 비인격적인 대우도 견디고 참아내며 살아야 할 것입니다. 결코 밝지만 않은 그들의 미래와 삶을 주님께서 손수 붙들어 주옵소서.

주님!
아직도 우리나라는 장애인을 위한 정책이 턱없이 취약하다는 것을 깨닫습니다. 인권의 사각지대에 놓인 장애인들도 너무나 많습니다. 해당 부처를 복 있게 하셔서 이 나라에 속해 있는 모든 장애인들이 소박한 꿈마저 포기하지 않도록 그들을 위한 정책을 꼼꼼히 세워나갈 수 있게 하옵소서.

주님!
정상인도 취직하기 힘든 이 사회이지만, 장애인들이 직장생활을 할 수 있는 길도 열어주시기 원합니다. 나라에서 지급해주는 수당만으로는 생활하기가 너무 버겁다는 것을 아시오니, 고용기회가 넓혀질 수 있는 길을 열어주옵소서.
직장에서 주어진 일을 성실하게 감당함으로써 스스로 보람을 찾을 수 있게 하시고, 정상인에게도 희망의 표징이 될 수 있는 행복을 얻게 하옵소서.
예수 그리스도의 이름으로 기도합니다. 아멘

✱ 기도체크

Guide for a prayer
우리가 이 땅을 살아가는 동안 믿음의 덕을 세우는 것이야말로 기도 응답의 자양분입니다.

고통 받고 있는
아이들을 기억하소서

Power of word

그의 거룩한 처소에 계신 하나님은 고아의 아버지시며 과부의 재판장이시라 하나님이 고독한 자들은 가족과 함께 살게 하시며 갇힌 자들은 이끌어 내사 형통하게 하시느니라 오직 거역하는 자들의 거처는 메마른 땅이로다(시편 68편 5~6절)

사랑의 주님!
이 땅의 아이들을 위하여 기도할 수 있게 하시니 감사합니다. 특별히 고통 받고 있는 아이들을 위하여 기도할 수 있는 영적인 부담을 주시니 감사합니다.
아이들을 사랑하셨던 주님의 마음을 품고 기도합니다. 이 땅 곳곳에서 고통 받는 아이들을 불쌍히 여기시옵소서. 인권의 사각지대에서 폭력과 학대 속에서 생명의 위협을 느끼며 살아가는 아이들이 있습니다.
심지어 부모에게마저도 모진 학대를 받으며 두려움과 공포 속에서 살아가는 아이들이 있습니다.
어릴 때부터 너무나 큰 아픔과 충격 속에서 헤어 나오지 못하는 순백색의 영혼들을 긍휼히 여기사 구원의 손길을 베풀어 주옵소서.
아이들의 육체와 영혼까지도 파괴하는 일부 어른들과 부모들을 반드시 심판하여 주시옵소서.

주님!
특히, 가난한 나라에서 인권을 유린당하며 짐승처럼 살아야하는 아이들을 기억하옵소서.
아이들이 생계의 수단이나 전쟁의 도구로 이용되는 일이 끝없이 반복되고 있사오니, 공포에 질린 그들의 눈물을 기억하셔서 자유와 평화를 누릴 수 있게 하옵소서.

세계 곳곳에 굶주림에 죽어가는 아이들도 많습니다. 제가 기도를 하는 이 순간도 굶주림에 지친 아이들이 생명의 마지막 끈을 놓지 않으려고 안간힘을 쓰고 있을 것입니다.
부(富)를 누리고 있는 나라들이, 세계는 한 가족임을 깨닫게 하셔서 주님의 마음으로 선한 사마리아인의 역할을 감당할 수 있게 하옵소서.
고통 받는 곳마다 찾아가시는 예수 그리스도의 이름으로 기도합니다. 아멘

Guide for a prayer
주님은 지금도 고통 받는 자들에게 눈을 떼지 않고 계시며, 그들의 고통에 당신의 사랑하는 백성들이 동참할 수 있기를 기도하고 계십니다.

청소년들을 붙드소서

Power of word

오직 너 하나님의 사람아 이것들을 피하고 의와 경건과 믿음과 사랑과 인내와 온유를 따르며 믿음의 선한 싸움을 싸우라 영생을 취하라 이를 위하여 네가 부르심을 받았고 많은 증인 앞에서 선한 증언을 하였도다(디모데전서 6장 11~12절)

사랑의 주님!
이 세상에 영광과 존경을 돌려드릴 이가 주님밖에 누가 또 있겠습니까? 주님께 영광을 돌려드립니다. 받으시옵소서.

주님!
이 땅에 청소년들을 주심을 감사합니다. 그들을 위하여 기도합니다. 요즘 청소년들이 오염된 문화 속에서 허덕이고 있습니다. 꿈을 버리고 미래를 생각지 않는 학생들이 많아지고 있고, 무책임한 행동과 충동적인 행동에 이끌려 사는 학생들이 많아지고 있습니다.

학생으로서의 본분을 망각하고 탈선하는 학생들도 급증하고 있습니다. 건전하지 못한 시대문화의 영향으로, 청소년들의 비행과 탈선이 심각한 사회적인 문제로 대두되고 있음을 봅니다.

주님!
이 땅의 청소년들을 긍휼히 여기시고 붙들어 주옵소서. 학생이라는 본연의 위치를 충실히 지킬 수 있기를 소원합니다. 배움에 충실할 수 있게 하여 주시고, 기성세대가 남긴 잘못된 풍습을 좇지 말게 하여 주옵소서.

지나면 후회될 일에 감정을 잘못 다스려서 자신들의 미래를 망치는 일이 없게 하시고, 순간의 만족을 위해서 충동에 이끌리는 학생들이 되지 말게 하옵소서.
냉정한 판단력을 주시고, 옳고 그름을 분별할 수 있는 지혜가 있게 하옵소서. 선생님으로부터 가르침을 잘 받게 하여 주시고, 배운 것을 바르게 적용할 수 있는 청소년들이 되게 하옵소서.
특히, 주님을 섬기는 믿음의 청소년들을 붙드셔서 다윗과 같이 주님만을 섬기며 주님만을 의지하게 하시고, 솔로몬과 같은 지혜로움으로 언제나 진리 안에 거할 수 있게 하옵소서.
청소년들을 사랑하시는 예수 그리스도의 이름으로 기도합니다. 아멘

✱ 기도체크

Guide for a prayer
우리의 기도에는 보응의 기도내용보다 평화의 내용을 많이 담아서 주님의 보좌 앞에 쏟아놓을 수 있어야 합니다.

수험생을 붙드소서

Power of word
주께서 생명의 길을 내게 보이시리니 주의 앞에는 충만한 기쁨이 있고 주의 오른쪽에는 영원한 즐거움이 있나이다(시편 16편 11절)

소망의 주님!
연약한 자의 능력과 소망이 되어주시는 주님이심을 찬양합니다. 주님께서는 의지하는 자의 반석이시요, 구원의 뿔이시요 산성이심을 믿습니다.

주님!
이 땅의 수험생들을 위하여 기도합니다. 수많은 수험생들이 밤잠을 자지 못하며, 심한 스트레스를 받아가며 수능을 준비하고 있습니다. 낙심하거나 포기하지 않도록 그 마음들을 다 잡아 주옵소서.
지칠지라도 잘 이겨낼 수 있도록 은총을 내려 주옵소서. 몸을 깎는 그 모든 수고와 희생에 정직한 열매를 거둘 수 있게 하시고, 지긋지긋하게 느껴지는 수능준비일지라도, 준비하는 과정 속에서 뿌린 대로 거둘 수 있는 보람을 얻을 수 있게 하옵소서.

해낼 수 있다는 자신감 속에서 끝까지 최선을 다하여 만족한 결과를 얻을 수 있게 하옵소서.
무엇보다 수험생들의 건강을 붙들어 주옵소서. 저마다 그토록 가고 싶었던 학과에 합격하여 청운의 푸른 꿈을 펼치기까지, 그들의 건강이 걸림이 되지 않게 하옵소서.

주님!
수험생을 두고 있는 부모들에게 함께하여 주시기를 원합니다. 이제껏 수능시험을 준비하는 자녀를 위하여 안쓰러운 마음과 안타까운 마음으로 기도하며 수발해온 줄 압니다. 그 모든 수고와, 마음의 간절함이 헛되지 않도록 은총을 더하여 주옵소서.
자녀와 함께 고생의 탑을 쌓으며 달려온 발걸음이 허물어지지 않도록 축복하여 주옵소서. 모든 수험생들이, 담장너머로 뻗어가는 줄기처럼 형통의 복을 누리게 하실 것을 믿습니다.
수험생들에게 놀라운 지혜로 함께하실 것을 믿사오며, 예수 그리스도의 이름으로 기도합니다. 아멘

**✶ 기도체크

Guide for a prayer
모호한 기도는 모호하게 응답받게 되어 있고 구체적인 기도는 구체적으로 응답받게 되어 있습니다.

청년실업의 문제를 살피소서

Power of word
내가 산을 향하여 눈을 들리라 나의 도움이 어디서 올까 나의 도움은 천지를 지으신 여호와에게서로다(시편 121편 1~2절)

참 좋으신 주님!
주께서 부르신 자들을 언제나 평강에 평강으로 인도하시는 주님이심을 믿습니다. 항상 주님의 은총에 감사하며 영광 돌릴 수 있는 삶이 되게 하옵소서.

주님!
이 나라의 청년실업의 문제를 놓고 기도하기를 원합니다. 이 나라의 청년실업률이 최악에 달해있음을 봅니다. 직장을 구하지 못하여 청년의 때에 마땅히 이루고 싶은 꿈과 계획들을 접을 수밖에 없는 청년들을 돌아보옵소서.
배우고 익힌 실력과 능력이 있어도, 취업의 문이 너무 좁아서 조바심과 초조함 속에 하루하루를 보내야만 하는 청년들을 건져주옵소서.

그들이 마음으로 겪는 고통과 삶의 불안함은 이루 말할 수 없을 것입니다. 자신들의 불안한 미래를 어떻게 헤쳐 나가야할지를 몰라 생을 포기하는 젊은이들도 있습니다.

살기 싫어서 생을 포기하는 것이 아니라, 어떻게 살아야할지 길이 보이지 않아 선택한 죽음일겁니다.

주님!
이 나라의 청년들을 불쌍히 여기시옵소서. 이 나라의 청년들에게 소망을 주옵소서. 청년들이, 때에 맞는 꿈을 마음껏 펼치며 살 수 있는 길을 열어주옵소서.
이 나라의 경제가 회복되게 하시고 기업의 문도 넓어지게 하옵소서. 모든 청년들이 일할 수 있을 때에 일할 수 있는 즐거움을 맛볼 수 있도록 은총을 내려 주옵소서. 그리하여 저출산의 문제도 사라지게 하시고, 자식으로부터 버림을 받는 부모도 없게 하여 주옵소서.
정부와 기업들도 청년실업의 문제를 놓고 계속 고민하면서 해결방안을 모색할 수 있게 하옵소서.
예수 그리스도의 이름으로 기도합니다. 아멘

Guide for a prayer
기도의 응답은 전심으로 기도하는 열정에 사로잡힐 때에만 하나님의 능력이 깃들게 되어 있습니다.

근로자를 긍휼히 여기소서

Power of word
깨끗한 자에게는 주의 깨끗하심을 보이시며 사악한 자에게는 주의 거스르심을 보이시리니 주께서 곤고한 백성은 구원하시고 교만한 눈은 낮추시리이다 주께서 나의 등불을 켜심이여 여호와 내 하나님이 내 흑암을 밝히시리이다 (시편 18편 26~28절)

긍휼을 베푸시는 주님!
이 민족이 가난에서 벗어나 번영하고 부요한 삶을 누리게 하여 주심을 감사합니다. 이 민족이 이렇게 경제적으로 번영하고 부요를 누리고 있지만, 아직도 이 나라의 백성들 중에 가난을 면키 어려운 수많은 근로자들이 있습니다.

주님!
그들을 위하여 기도하기를 원합니다. 주님은 상한 자를 싸매주시며 병든 자를 강하게 하시는 분이심을 믿습니다.
가난하게 자랐기 때문에 근로자가 되었고, 근로자가 되었기 때문에 가난을 면키 어려운 저들을 기억하시옵소서.
남달리 노력을 해도 불공정한 분배를 비롯한 사회의 구조적 문제들 때문에, 최소한의 인간다운 삶조차도 보장 받지 못하고 사는 저임금의 근로자들이 아직도 이 땅에 많음을 기억하시옵소서.

힘 있는 사람들과 가진 자들이 먼저 근로자들을 소중히 여기고 고마움을 느낄 수 있게 하옵소서.
기술자와 전문가들, 그리고 사용자와 경영인만으로는 이 사회가 지탱될 수 없음을 깨닫게 하셔서 근로자들의 존재를 재인식할 수 있게 하여 주옵소서.
저임금 근로자들의 피땀 흘린 노동의 대가를 착취하는 기업인들이 없게 하시고, 자신들만 생각하는 탐욕과 이기주의도 없게 하여 주옵소서.

정부의 근로정책도 저임금의 근로자들을 위한 복지정책이 확실하게 수립될 수 있게 하셔서, 근로자들마다 자신이 맡은 일에 마음 놓고 최선을 다하며 떳떳하게 종사할 수 있게 하옵소서. 이 땅의 모든 근로자들을 긍휼히 여기시기를 원하오며, 예수 그리스도의 이름으로 기도합니다. 아멘

✱ 기도체크

Guide for a prayer
우리의 환경은 달라지지 않습니다. 그러나 기도로 우리 자신이 변화될 수 있다면 우리의 환경은 분명히 달라질 것입니다.

노동자들의 고달픔을 기억하소서

Power of word
그러므로 나는 사람이 자기 일에 즐거워하는 것보다 더 나은 것이 없음을 보았나니 이는 그것이 그의 몫이기 때문이라(전도서 3장 22절)

낮은 곳으로 찾아오신 주님!
평화가 깨지고 슬픔과 고통이 만연된 현장에 주님이 계셨기에 풀꽃 같은 인생들이 새 힘을 얻고 소망을 갖게 된 것을 믿습니다.
주님의 마음은 여전히 그곳에 계시기에 지친 삶의 현장에도 산 소망이 움트게 되는 것을 믿습니다.

주님!
이 땅의 노동자들을 기억하옵소서. 가진 것이 없고 많이 배우지 못하여 노동자가 되었고, 부빌 언덕도 없어 노동자가 된 그들의 고달픈 삶을 돌아봐주시기를 원합니다.
누구도 알아주지 않는 직업이고, 누구도 인정하지 않는 직업입니다. 별을 보며 하루를 시작해야만 하고, 별을 보며 하루를 마감하는 고달픈 직업입니다.
흙먼지를 뒤집어쓰며 땀으로 뒤범벅이 된 채 하루를 마감하는 삶은, 언제나 늘어진 육체만 덩그러니 남아 삶을 더욱 서글프게 합니다.

주님!
그들의 형편과 처지를 우리 주님은 아시지요? 불쌍히 여기시옵소서. 몸을 혹사시켜가며 일을 해야만 겨우 하루의 품삯을 받게 되는 직업일지라도, 부끄러워하거나 주눅 든 인생이 되지 말게 하옵소서.
그들이 하는 일을 통하여 나름대로 삶의 보람을 찾을 수 있게 하시고, 땀 흘린 대로 얻게 되는 정직한 소득의 기쁨을 항상 누릴 수 있게 하옵소서.

자랑스러운 직업이 못된다고 자녀들에게 너무 미안해하지 말게 하시고, 일정한 수입을 갖다 주지 못한다고 너무 속상해하지 말게 하옵소서. 부정한 방법으로 살지 않고 떳떳하게 살 수 있음을 감사하며 보람있게 살아가게 하옵소서.
예수 그리스도의 이름으로 기도합니다. 아멘

Guide for a prayer
우리가 주님께 쏟아내는 기도는 말씀에 대한 복종으로 그 열매가 확실해집니다.

맞벌이 하는 가정을 기억하소서

Power of word
거기 곧 너희 하나님 여호와 앞에서 먹고 너희 하나님 여호와께서 너희의 손으로 수고한 일에 복 주심으로 말미암아 너희와 너희 가족이 즐거워할지니라(신명기 12장 7절)

사랑의 주님!
저희를 주님의 자녀로 택하여 주셔서 경건한 신앙의 길로 나아가게 하여 주시니 감사합니다. 육신은 차츰 쇠하여 질지라도 영혼은 날마다 새로워지는 기쁨이 있게 하옵소서.

주님!
맞벌이하는 가정을 위하여 기도합니다. 이 땅 곳곳에, 힘든 생활고와 경제적인 압박감을 줄여보려고, 쌓여만 가는 부채를 줄여보기 위하여 맞벌이를 하는 가정들이 있습니다.
또는 집 없는 설움을 극복해 보려고, 자녀들을 잘 키워보겠다는 일념하나로 맞벌이를 하는 가정들도 있습니다.
그들이 맞벌이를 해야만 하는 이유가 어떻든지, 쉴 날 없이 일하고 있는 그들의 삶의 현장을 감찰하시옵소서.

그들의 소박하고도 평범한 삶의 소망이 아름다운 결실로 맺어지게 하시고, 가정을 위하여 땀 흘려 일하는 욕심 없는 헌신이 기쁨의 열매로 맺어질 수 있게 하옵소서.
쓰고 싶은 것 마음대로 쓰지 못하고, 먹고 싶은 것 마음껏 먹지 못하는 아쉬움이 있어도, 더 나은 미래를 바라보며 소망 중에 즐거워할 수 있게 하옵소서.
하는 일들이 너무나 고달프고 힘겨워도, 가정의 행복한 미래를 생각하면서 보람과 위안을 얻을 수 있게 하옵소서.

주님!
때로 오해를 받고 억울한 일을 당하게 되어도 가정을 위하여 희생하는 기쁨으로 넉넉히 이기며 참아낼 수 있게 하옵소서.
가족들 간에 소홀해질 수 있는 대화도 서로의 마음을 헤아려 주며 극복할 수 있게 하시고, 서로를 보듬어 주는 따뜻한 마음으로 끈끈한 가족애를 키워갈 수 있게 하옵소서.
예수 그리스도의 이름으로 기도합니다. 아멘

Guide for a prayer
그리스도인이 피울 수 있는 꽃 중에 기도의 꽃보다 아름다운 것은 없습니다.

건전한 소비생활이 되게 하소서

Power of word
모든 것이 가하나 모든 것이 유익한 것이 아니요 모든 것이 가하나 모든 것이 덕을 세우는 것이 아니니 누구든지 자기의 유익을 구하지 말고 남의 유익을 구하라(고린도전서 10장 23~24절)

은혜의 주님!
다른 나라의 도움 없이는 살 수 없었던 이 나라를, 이제는 다른 나라에 도움을 줄 수 있는 나라로 일으켜 주심을 감사합니다. 전쟁을 겪으면서 먹을 것과 입을 것이 없어 고생을 하던 때를 생각하면 우리가 지금 이토록 잘살게 된 것이 한없이 감사할 뿐입니다.
하나님의 도우심으로 경제발전을 이만큼 이루어, 이 나라가 세계 여러 나라를 구제하고 돕는 일에도 적극 동참할 수 있는 국가가 되었으니 전적인 주님의 은총임을 믿습니다.
그러나 이 나라에는, 아직도 잘못된 소비문화에 길들여진 사람들이 많이 있음을 봅니다. 그들의 거침없는 낭비풍조가 크고 작은 희생을 감수하며 힘겹게 살아가는 자들의 마음까지도 더욱 시리게 하고 있습니다.

주님!
그들로 하여금 모든 것이 가하나 모든 것이 유익한 것이 아님을 깨닫게 하셔서 자신들에게 주어진 풍족함을 헛되게 사용하는 일이 없게 하옵소서.
소비를 안 하면서 살 수는 없지만 절제된 소비습관을 길러감으로, 그들의 비뚤어진 소비습관이, 또 다른 이에게는 상대적 박탈감으로 느껴지지 않게 하옵소서.

주님!
가진 것이 풍족할지라도 그것으로 자신의 욕구와 욕망을 채우는 일에만 사용한다면 그것이 가난한 인생임을 깨닫습니다.
그들이 누리고 있는 풍족함을 잘 선용하여 어려운 이웃들과도 함께 나눌 수 있는 따뜻함이 있게 하시고, 힘겹게 살아가는 이들에게도 용기와 희망을 줄 수 있는 축복의 통로가 되게 하옵소서.
더 많이 쓰려고 하는데 마음을 쏟기보다, 더 잘 쓰려고 하는데 마음을 쏟을 수 있는 그들이 되게 하옵소서.
예수 그리스도의 이름으로 기도합니다. 아멘

✱ 기도체크

Guide for a prayer
인생은 가만히 두어도 저절로 병이 들지만, 날마다 기도하면 영혼은 병들지 않습니다.

불신 이웃을 긍휼히 여기소서

Power of word
하나님은 모든 사람이 구원을 받으며 진리를 아는데 이르기를 원하시느니라(디모데전서 2장 4절)

천하보다 한 영혼을 귀하게 보시는 주님!
저희가 그 사랑을 입었기에 구원받은 주님의 백성이 되었음을 감사합니다. 주님의 그 애틋함이 저희의 마음에도 겹겹이 쌓여지게 하옵소서.

주님!
아직도 주님을 만나지 못한 불신 이웃을 위하여 기도합니다. 그들의 영혼과 가족을 불쌍히 여기셔서 주님께로 돌아올 수 있도록 구원의 은혜를 베풀어 주옵소서.
그들은 반드시 지옥 가서는 안 될 영혼들임을 믿습니다. 반드시 천국 가야만 할 영혼들임을 믿습니다. 만세전부터 택하시고 부르시기로 작정하신 영혼들임을 믿습니다. 어서 속히 그들에게 믿음의 눈을 열어 주셔서 구원의 주님을 만나게 하시고, 하나님의 자녀의 권세를 누리는 은총을 얻게 하옵소서.

그들로 하여금, 예수 그리스도 외에는 천하 인간에 구원을 얻을만한 다른 이름을 우리에게 주신 일이 없음을 깨닫게 하셔서, 더 이상 마귀의 권세 아래서 죄에게 종노릇하며 사는 영혼들이 되지 말게 하옵소서.

주님!
성령님이 그들의 마음을 깨닫게 하셔서 주님 앞으로 돌아오게 하여 주실 것을 믿습니다. 회개할 수 있는 기회와 은총을 베풀어 주실 것을 믿습니다. 예수 그리스도 안에서 생명을 얻되 넘치도록 얻는 삶을 살게 하여 주실 것을 믿습니다. 천국 백성이 되게 하여 주실 것을 믿습니다.

주님!
먼저 된 주의 백성들이, 그들이 주님 앞으로 돌아오기까지 마음을 다하여 기도할 수 있게 하시고, 그들에게 힘을 다하여 복음을 전할 수 있게 하옵소서. 그리하여 그들도 하나님께 영광 돌리는 복된 자녀의 복을 누릴 수 있게 하옵소서.
예수 그리스도의 이름으로 기도합니다. 아멘

Guide for a prayer
주님의 십자가의 사랑을 깨달은 자는 영혼을 구원해내기 위한 기도무릎을 결단코 쉬지 않습니다.

[교회 선택의 십계명]

교회를 선택하실 때 건물을 보고 아름답다거나, 환경이 좋다거나 나쁘다거나, 혹은 규모가 크고 작은 것을 보지 말고, 또는 목회자의 명성이나 외모를 보지 말고 그 안에 담긴 신령한 면을 보십시오.

1. 예배가 사람중심의 예배인가, 하나님중심의 예배가 드려지는가를 꼼꼼히 살펴보십시오.

하나님께 예배를 드린다고 하지만, 사람을 기쁘게 하기위하여 예배를 이용하는 교회는 하나님께서 받지 않는 예배를 드리는 교회이므로 평생을 다녀도 헛수고가 되기 때문에 하나님중심의 예배를 드리는 교회를 찾아야 합니다.

2. 목회자가 감정폭발만 시키는가, 성령의 역사로 기도하고 찬송하게 하는가를 살펴보십시오.

감정폭발은 육신의 스트레스를 해소시킬 수 있어 잠시 기쁠지 몰라도, 우리 안에 있는 영은 슬퍼하며 쇠약해지기 때문에 성령님께서 역사하시는 교회를 찾아야 합니다.

3. 목회자가 영광을 받으려고 하는가, 하나님께 영광을 돌리려고 하는가를 살펴보십시오.

하나님이 받으실 영광을 사람이 대신 취하고 있다면, 이는 교회가 아니며 우리의 영혼을 착취하고 있는 것입니다. 그러므로 교회의 모든 부분에서 하나님을 영화롭게 하는 교회를 찾아야 합니다.

4. 사람의 철학을 가르치는가, 하나님의 말씀을 가르치는가를 살펴보십시오.

어느 목회자가 하나님의 말씀을 전하지 않는다고 하겠습니까만, 그러나 성경을 읽은 다음 덮어두고, 자기 말이나 사람(위인)들의 말만을 한다면, 성도들의 영은 자신도 모르는 사이에 시들어 병들어가게 됩니다. 그러므로 하나님의 말씀인 성경을 통해서 하나님의 뜻을 바르게 전하는 교회를 찾아야 합니다.

5. 성도들이 성령님으로 주시는 은혜에 만족하는가, 목회자가 자기 권위에 만족하는가를 살펴보십시오.

목회자는 화려한 경력과 깊이 있는 설교를 유창하게 하면서 자신은 만족하지만, 성도들의 영은 시들어가서 기도원이나 다른 교회의 부흥회에 은혜 받으러 다녀야 한다면, 신앙생활이 고달프기만 하지 영혼의 만족을 얻을 수 없게 되므로 성도들의 영혼을 만족시켜 주는 교회를 찾아야 합니다.

6. 어려운 교회나 개인을 돕는 것이 과시용인가, 사랑으로 하는 것인가를 살펴보십시오.

미자립 개척교회를 돕는 일이나 소년소녀 가장이나 어려운 이웃을 돕는 일, 심지어 선교사를 파송하거나 자원하는 일들도 목회자 자신이나 교회를 과시하기 위한 전시용인 경우가 많습니다. 그러므로 구제와 선교를 위하여 헌신하는 자세로, 오른손이 하는 것을 왼손이 모르게 하고 있는 아름다움이 숨어있는 교회를 찾아야 합니다.

7. 주님의 말씀을 이용하여 착취를 하는가, 은혜로운 헌금을 하나님께 드리는가를 살펴보십시오.

하나님의 은혜에 감사하여 헌금을 드리고 복을 받는 것은 기독교의 기본적인 경제관으로 기복신앙이 아닙니다.

그러나 축복을 이용한 착취를 하고, 너무 많은 헌금종류로 한 푼이라도 더 걷어내려는 방법을 동원하며, 심지어 헌금을 걷어 들이기 위해 부흥회를 하는 교회, 심령은 괴로워 고통 중에 죽어갈 수밖에 없습니다.

그러므로 살아계신 하나님을 경험함으로 감사할 일이 넘치게 되어 헌금과 헌신을 하고 싶게 하는 교회를 찾아야 합니다.

8. 율법적인가? 은혜와 사랑으로 하나 되어 봉사하고 섬기며 교제하는 교회인가를 살펴보십시오.

에베소 교회처럼 은혜는 메마르고, 거룩함만을 주장하고, 자그마한 잘못도 용납하지 않는 율법적인 교회가 아니라, 때로는 투정하고 응석을 부리면 받아주고 이해하며, 때로는 약간의 단점도 있지만 허다한 죄를 사랑으로 덮어주고, 상처 입은 심령을 싸매주는 따뜻함이 하나로 연결되어 있는 수평적인 교회를 찾아야 합니다.

9. 목회자의 가정이 화목한가, 위선인가를 살펴보십시오.

목사의 사모는 목사의 신앙상태, 마음상태, 영적상태와 인격과 삶을 대변하는 대변인이나 마찬가지입니다. 사모의 입에서 늘 감사의 말이 흘러넘치는가? 불평의 말만 쏟아놓고 있는가? 사모의 입에서 감사와 찬양이 가득하고 얼굴에 기쁨이 충만한 모습인 교회는 성도들도 목사님의 가정을 따라 성도들의 가정에 천국이 이루어집니다.

10. 목사님의 친구가 누구이며, 어떻게 평가하는가를 살펴 보십시오.

목사님의 친구들이 세상명예와 대외적인 자랑에 매여 있는가, 사람보다 하나님을 갈망하는 분들인지 살펴보십시오. 목사님이 명예와 권세와 사람보다 주님을 친구로 삼고 있다면 얼마나 좋을까요?

지금의 교회는 교회라고 해서 다 주님의 몸 된 교회가 아닙니다. 간판은 교회이되 주님이 안 계신 교회도 있기 때문입니다.

교회를 가장한 이단 교회도 있습니다.
다툼과 싸움이 반복되는 교회도 있습니다.
영성보다 문화를 추구하는 교회도 있습니다.
복지를 가장한 이윤을 추구하는 교회도 있습니다.
하나님보다 황금을 섬기는 교회도 있습니다.
영혼보다 건물을 중시하는 교회도 있습니다.

그러므로 당신의 믿음이 건강하다고 자부하지 마십시오. 아무리 건강한 믿음일지라도 교회를 잘못 선택한 순간 믿음에서 멀어질 수 있습니다.
앞에서 언급한 교회선택의 십계명이, 당신이 교회를 선택하실 때 작은 도움이라도 되었으면 좋겠습니다.